I0442930

The Last Door:
The Grave Doorways
Of
Cimetiere du Pere Lachaise,
Paris

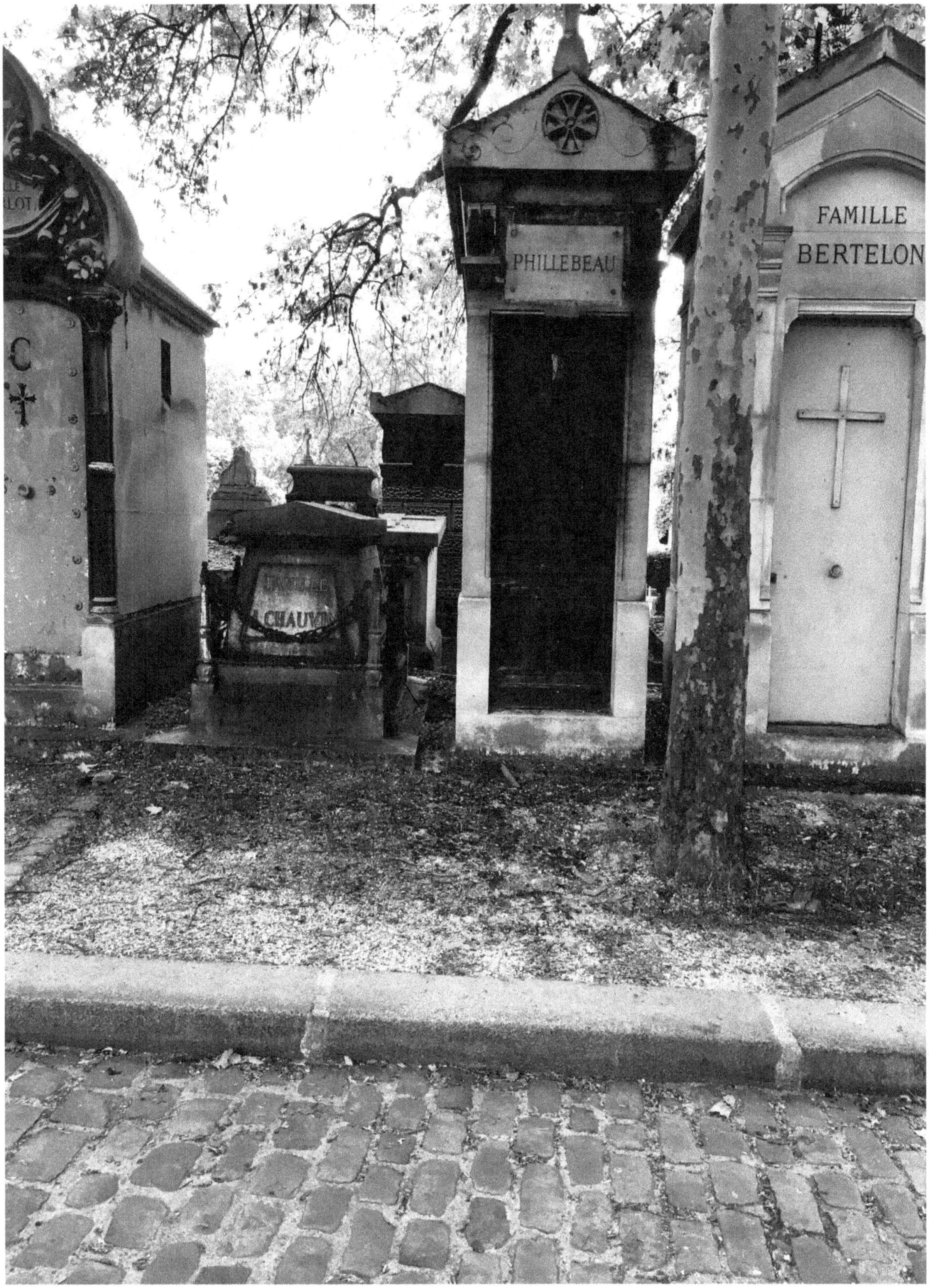
PHILLEBEAU
FAMILLE
BERTELON

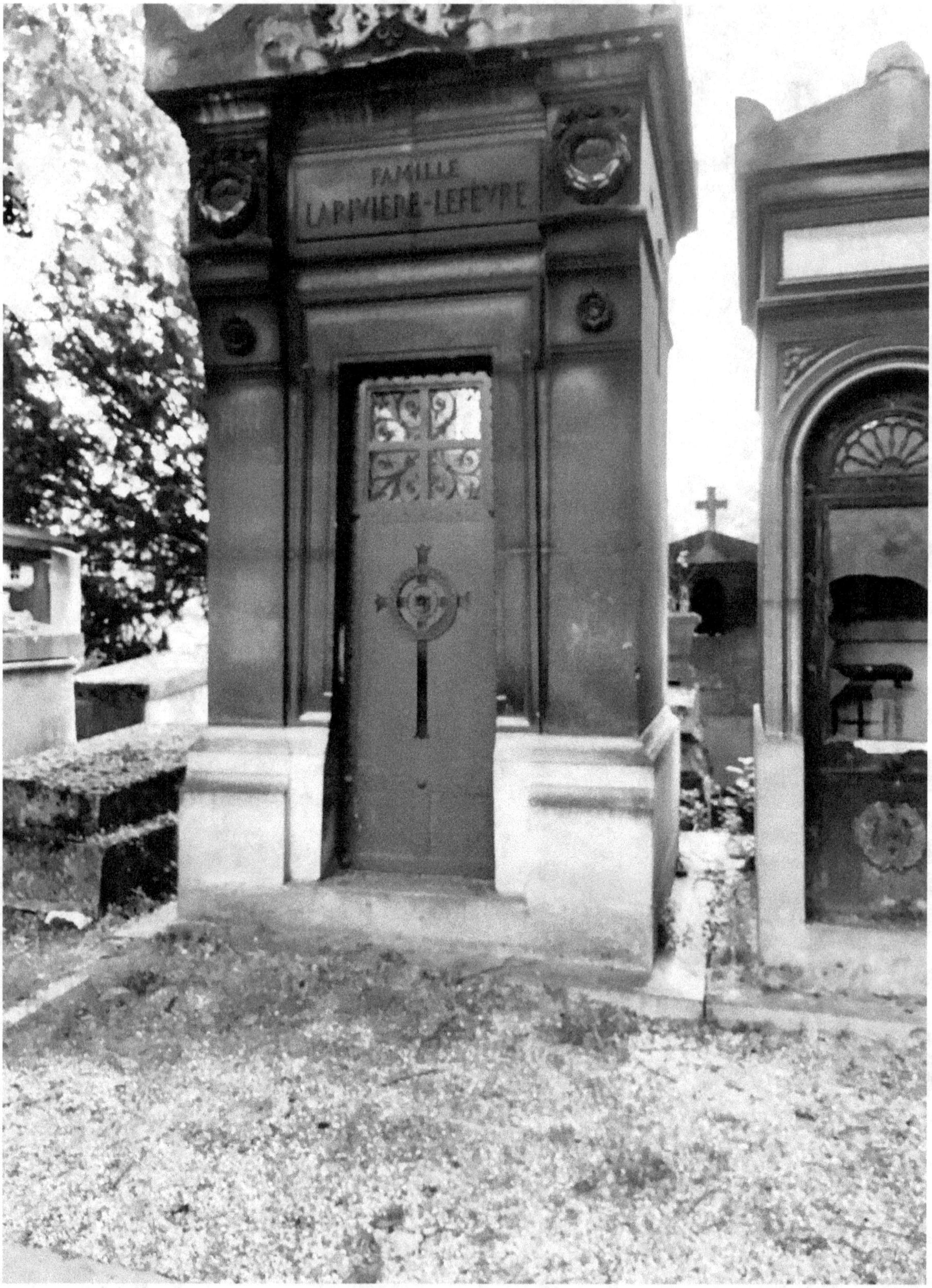
FAMILLE

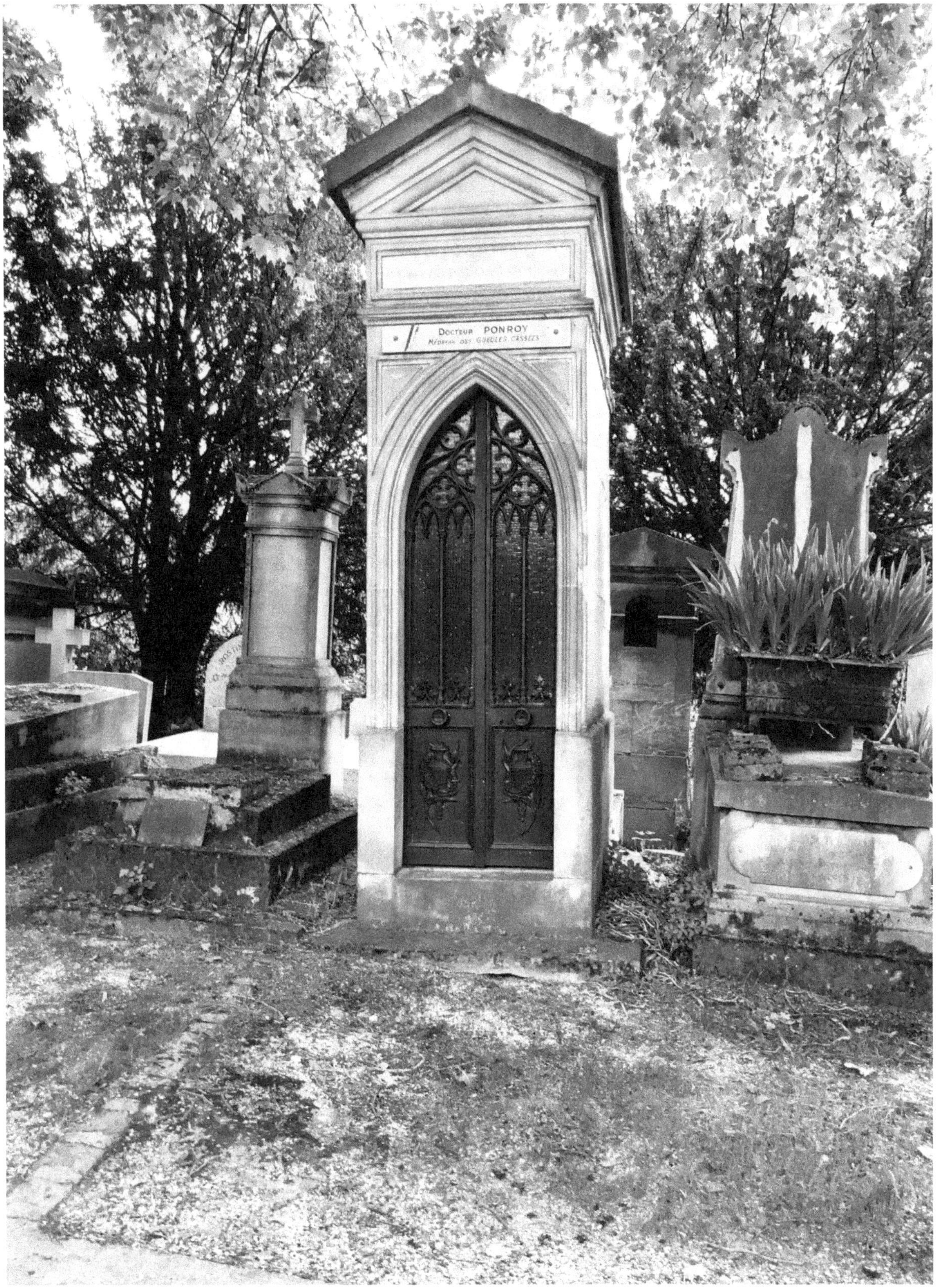
Docteur PONROY

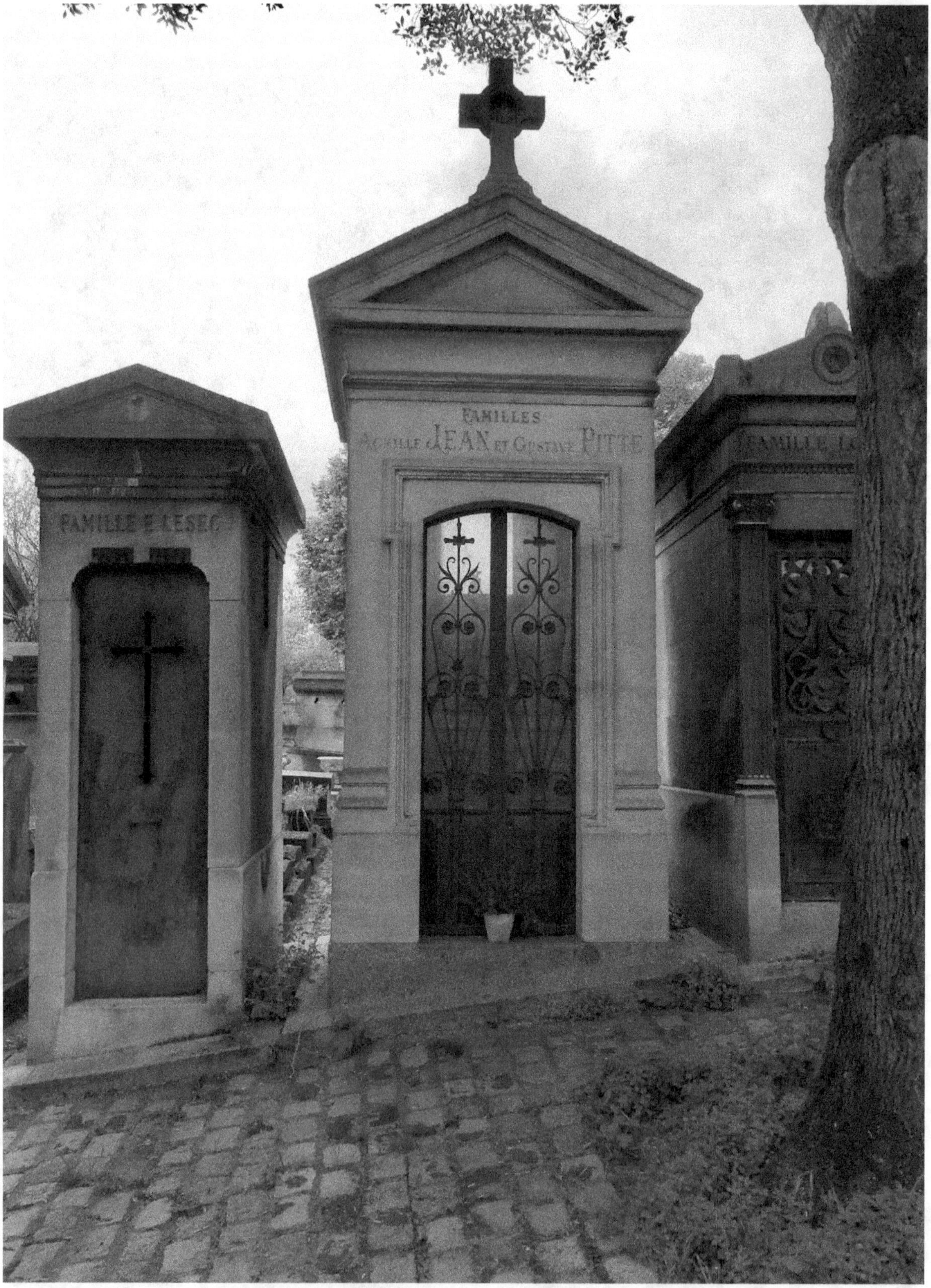
FAMILLE E. LESEC
FAMILLES
JEAN ET GUSTAVE PITTE

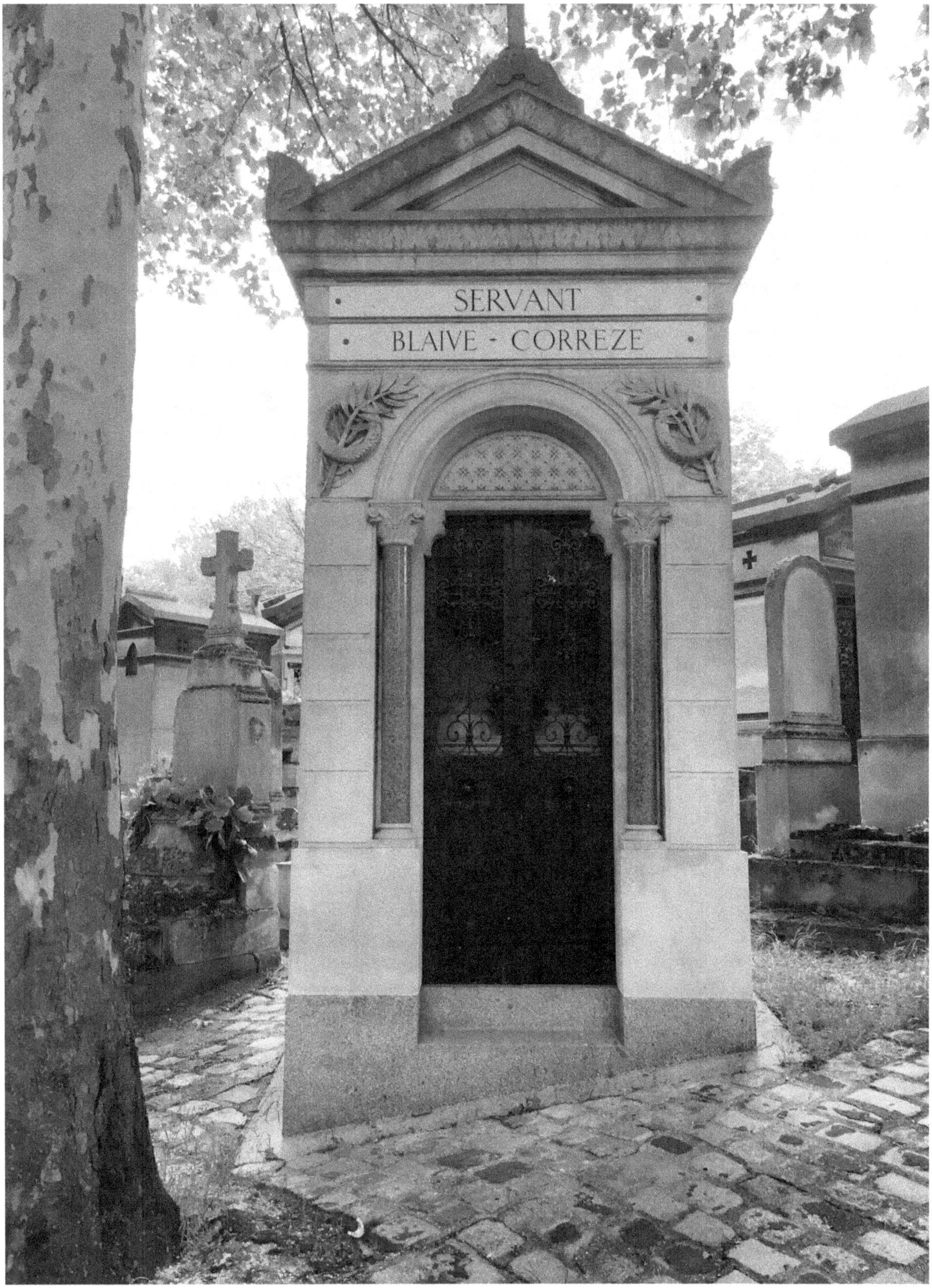
SERVANT
BLAIVE - CORREZE

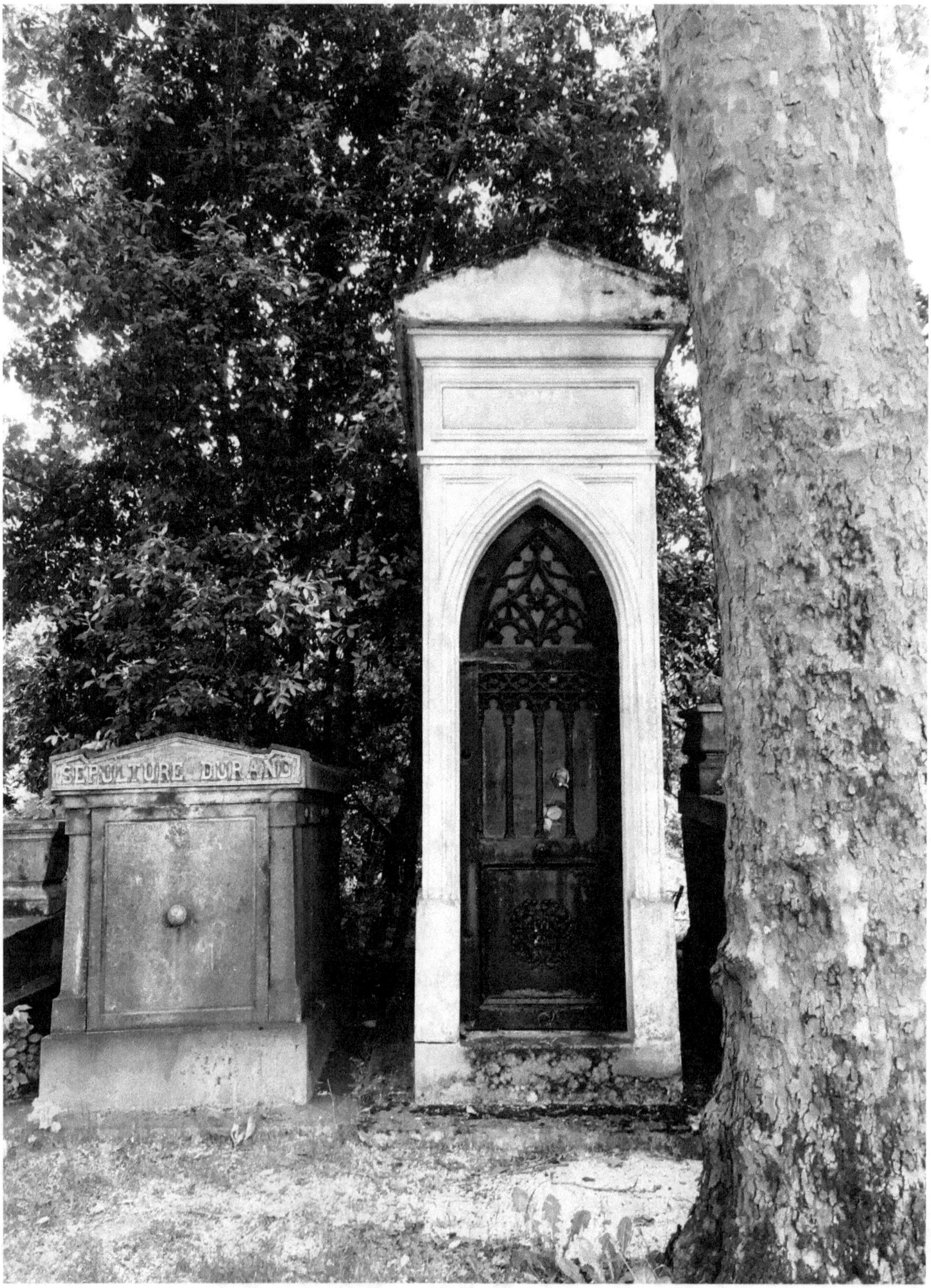
SEPULTURE DURAND

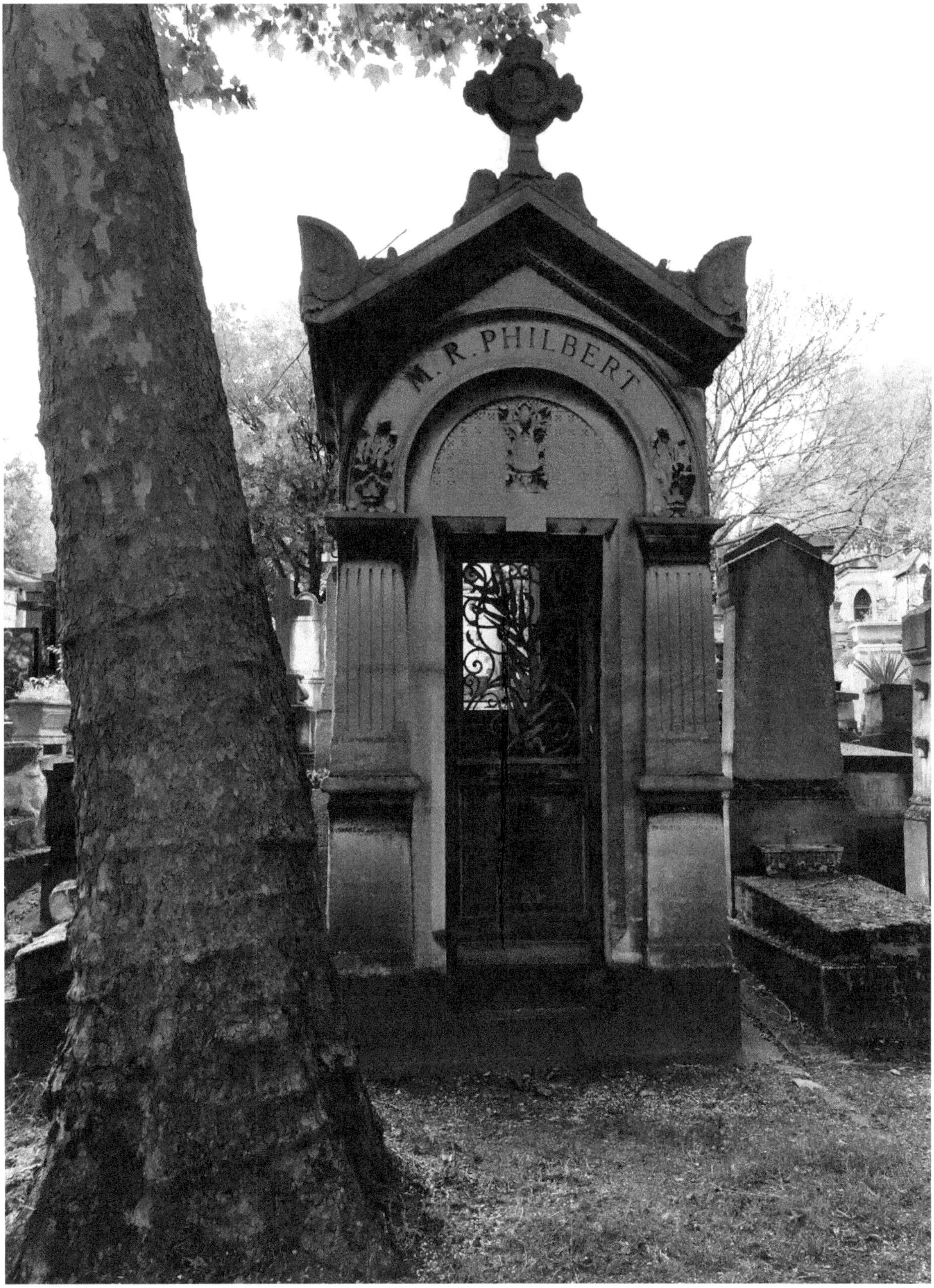
M. R. PHILBERT

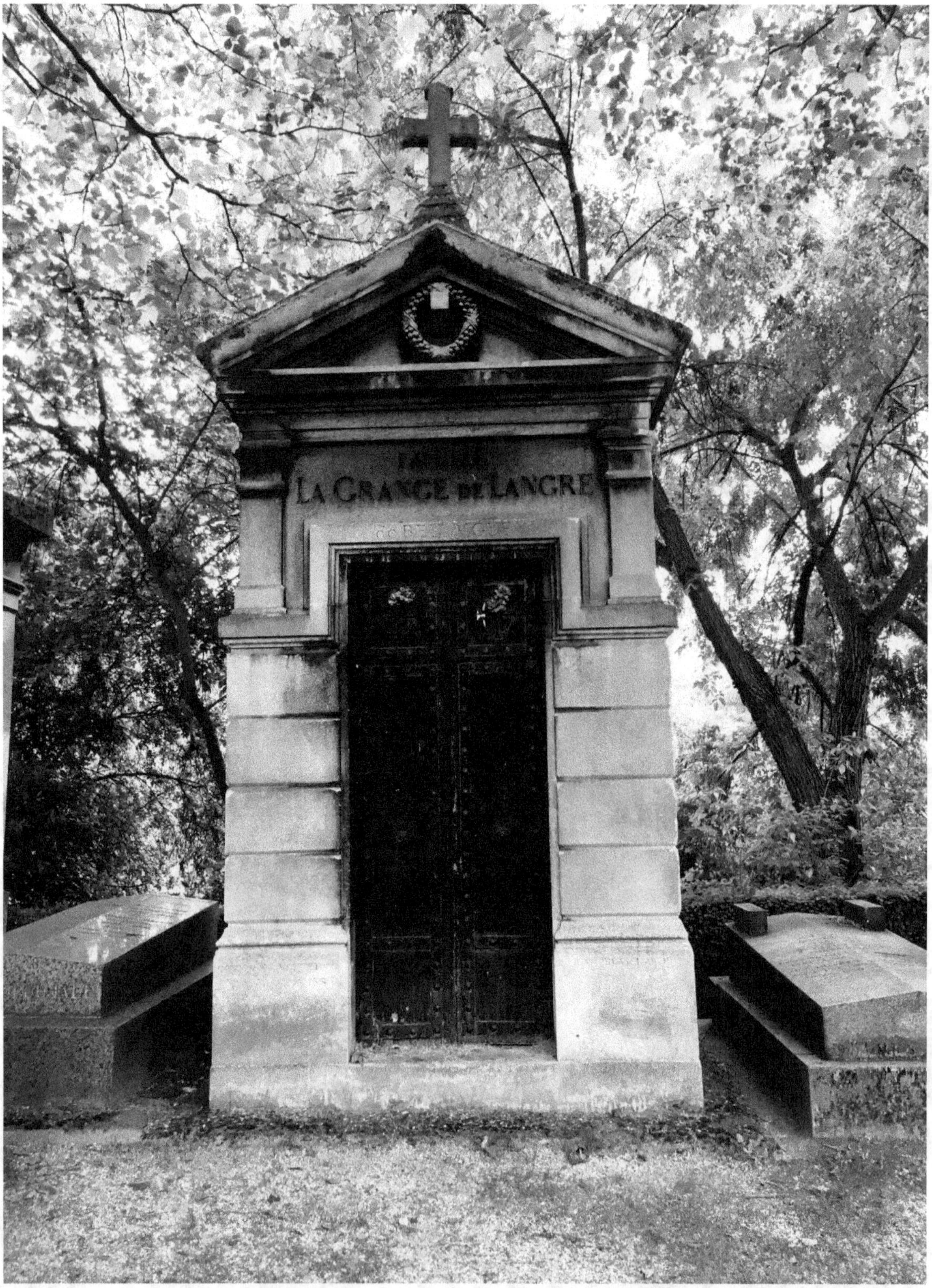
LA GRANGE DE LANGRE

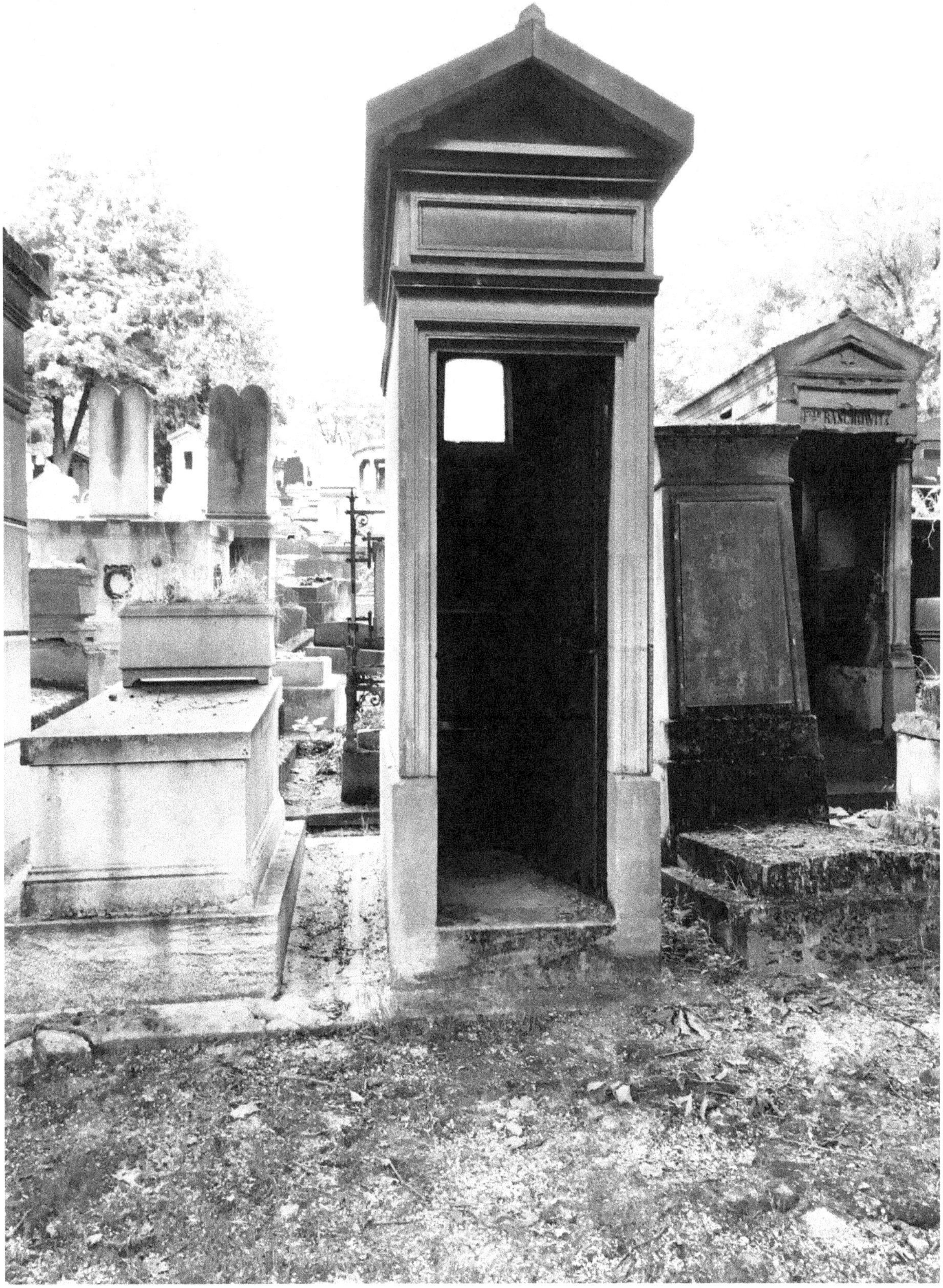

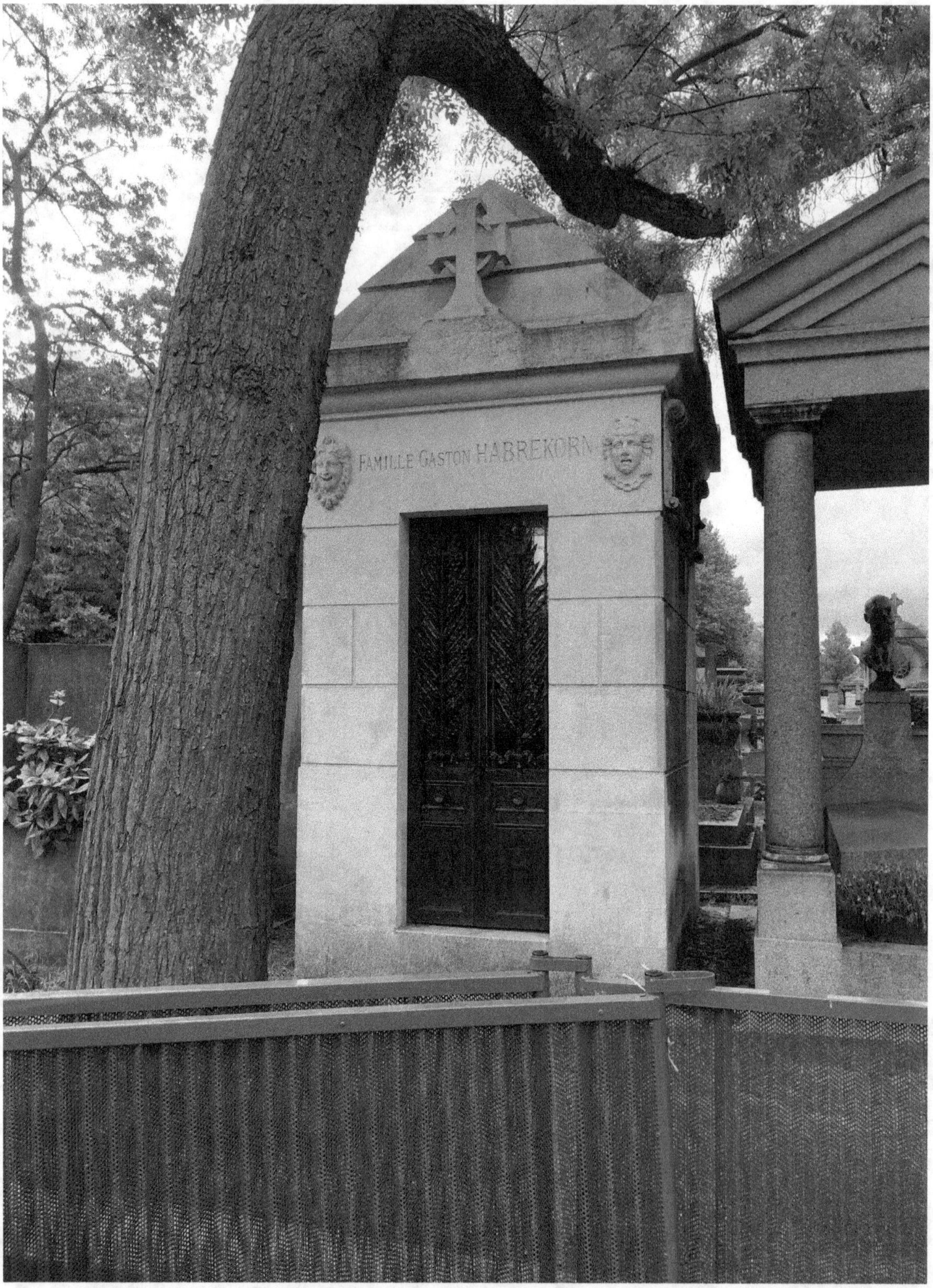
FAMILLE GASTON HABREKORN

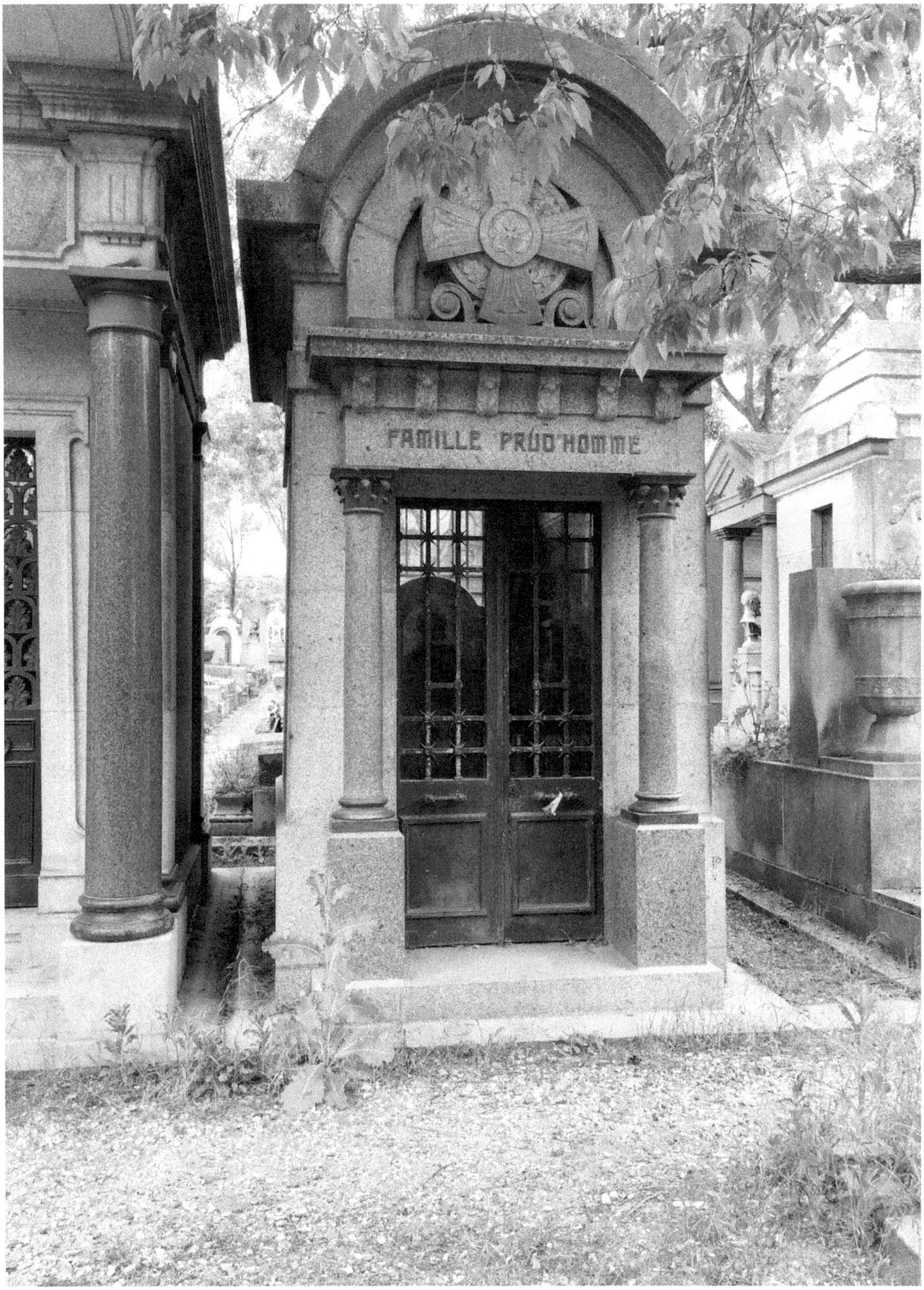
FAMILLE PRUD'HOMME

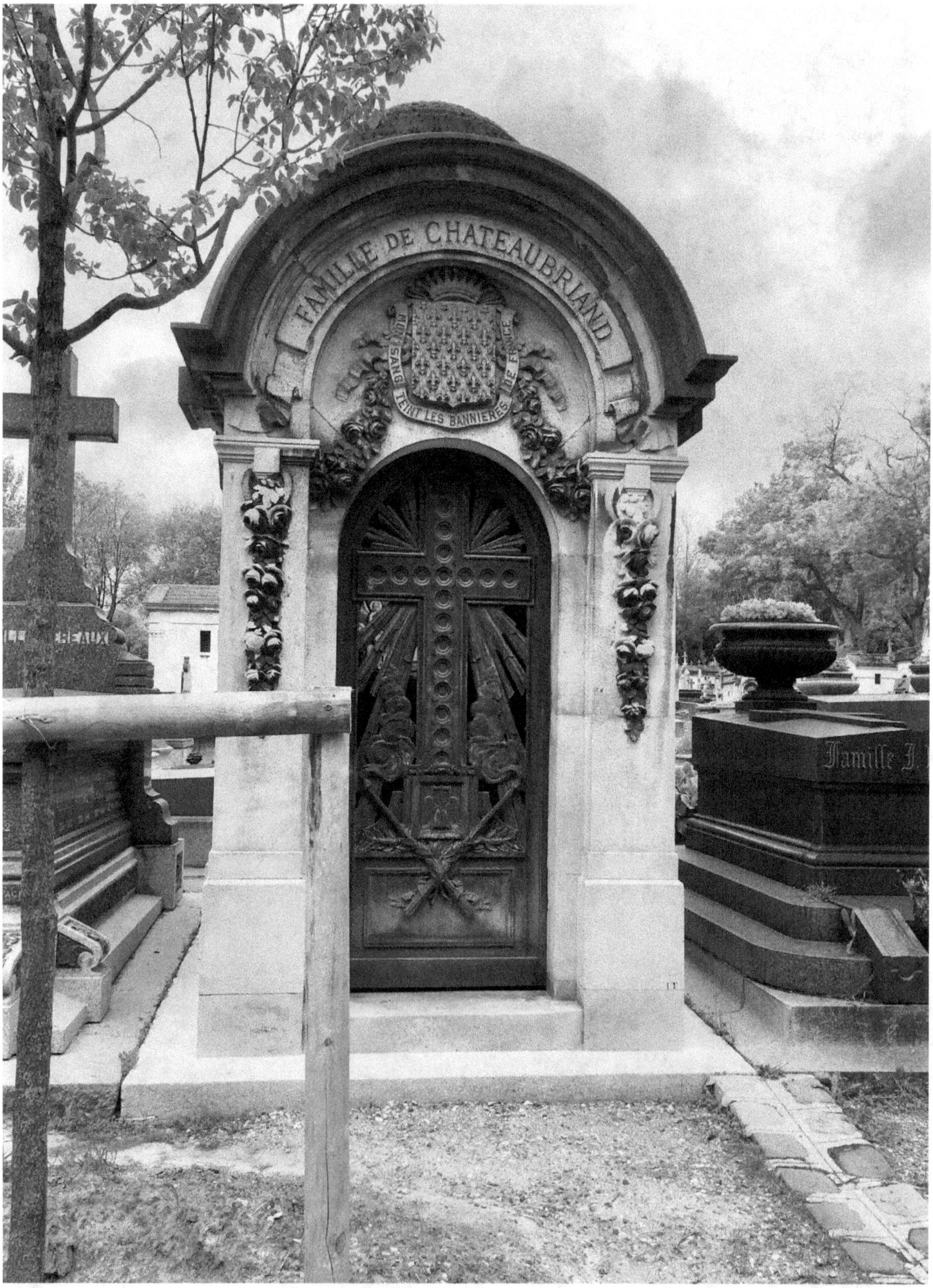
FAMILLE DE CHATEAUBRIAND
MON SANG TEINT LES BANNIERES DE FRANCE
Famille J.

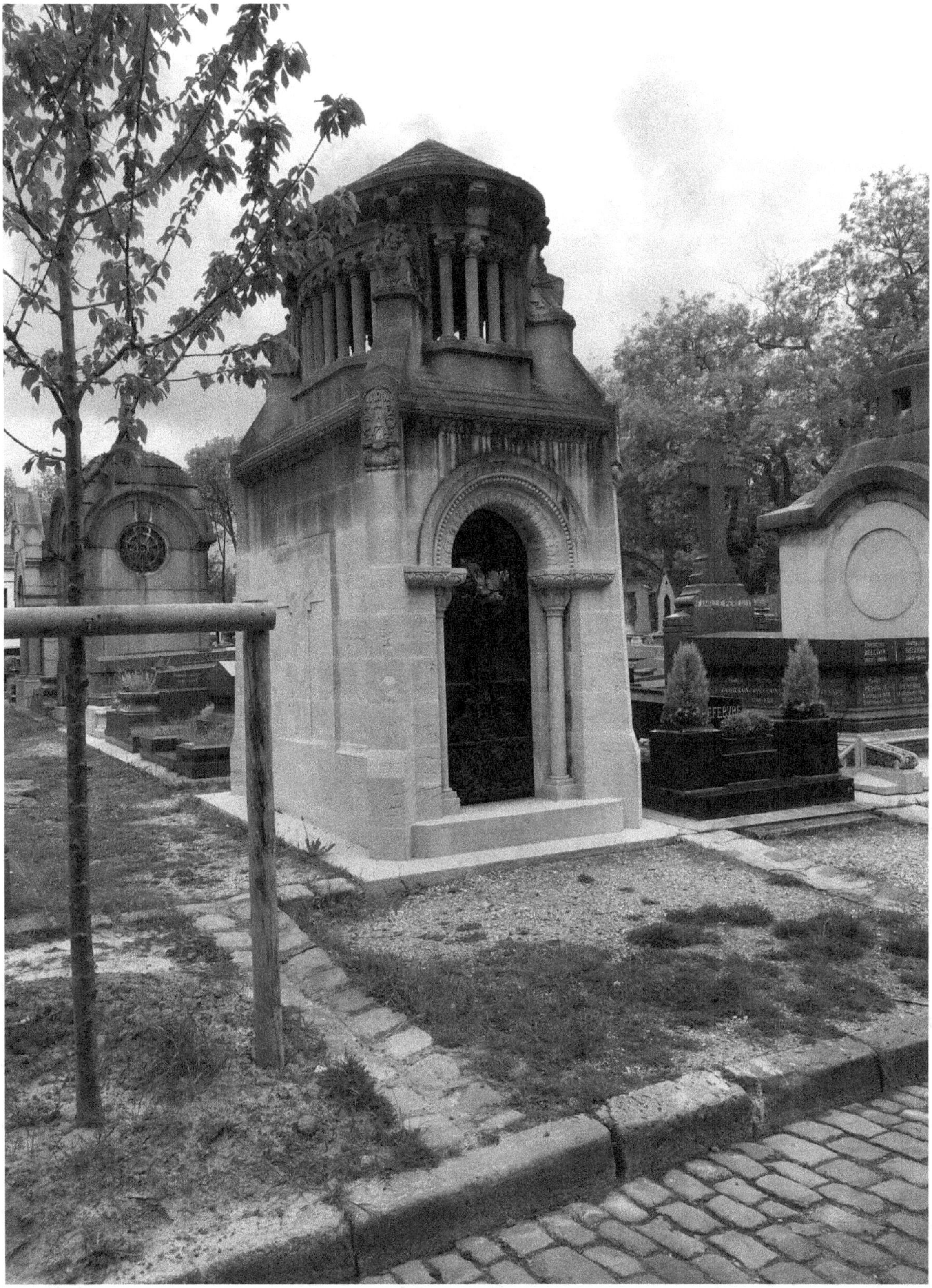

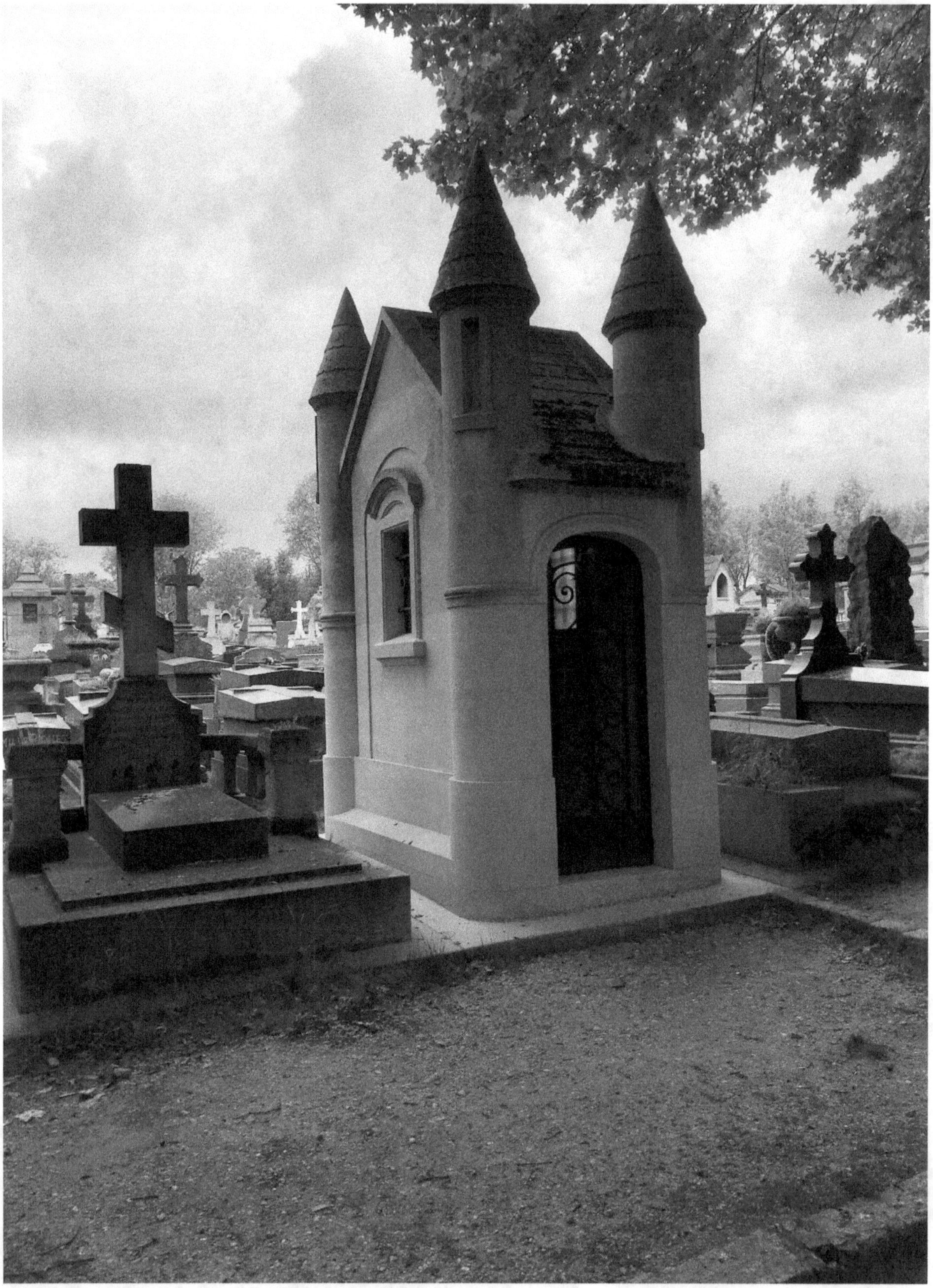

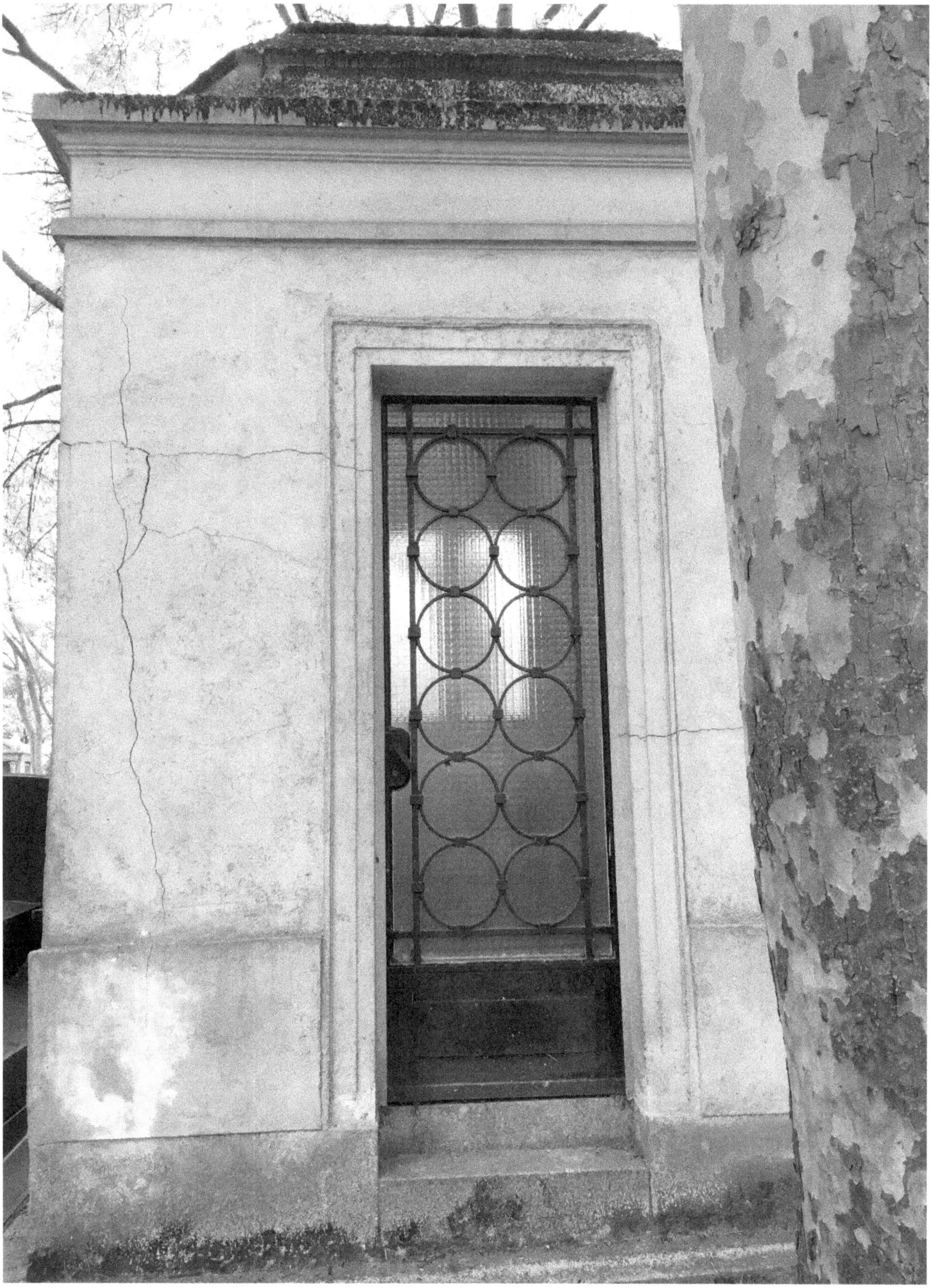

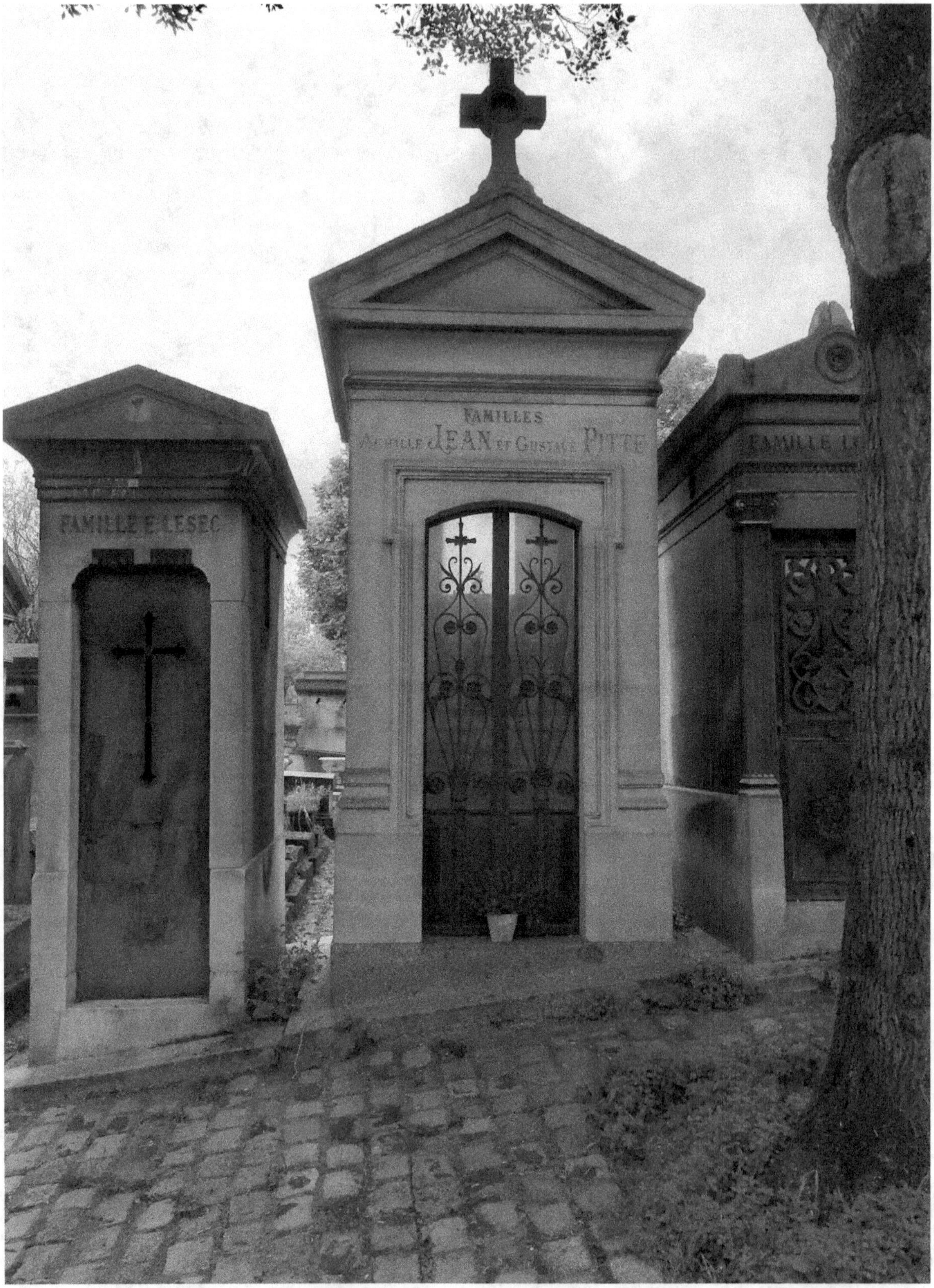
FAMILLE E. LESEC
FAMILLES
JEAN
PITTE

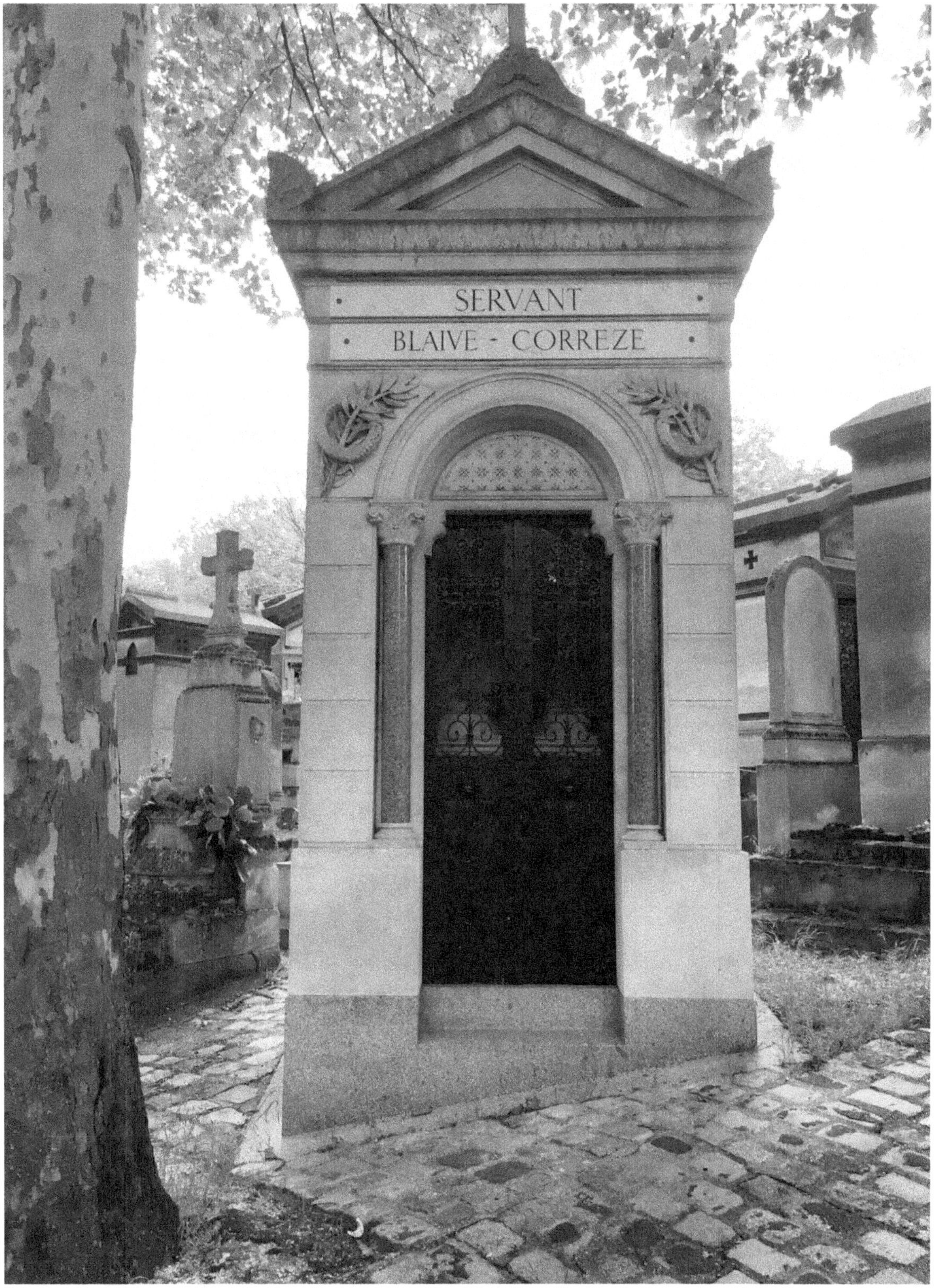
SERVANT
BLAIVE - CORREZE

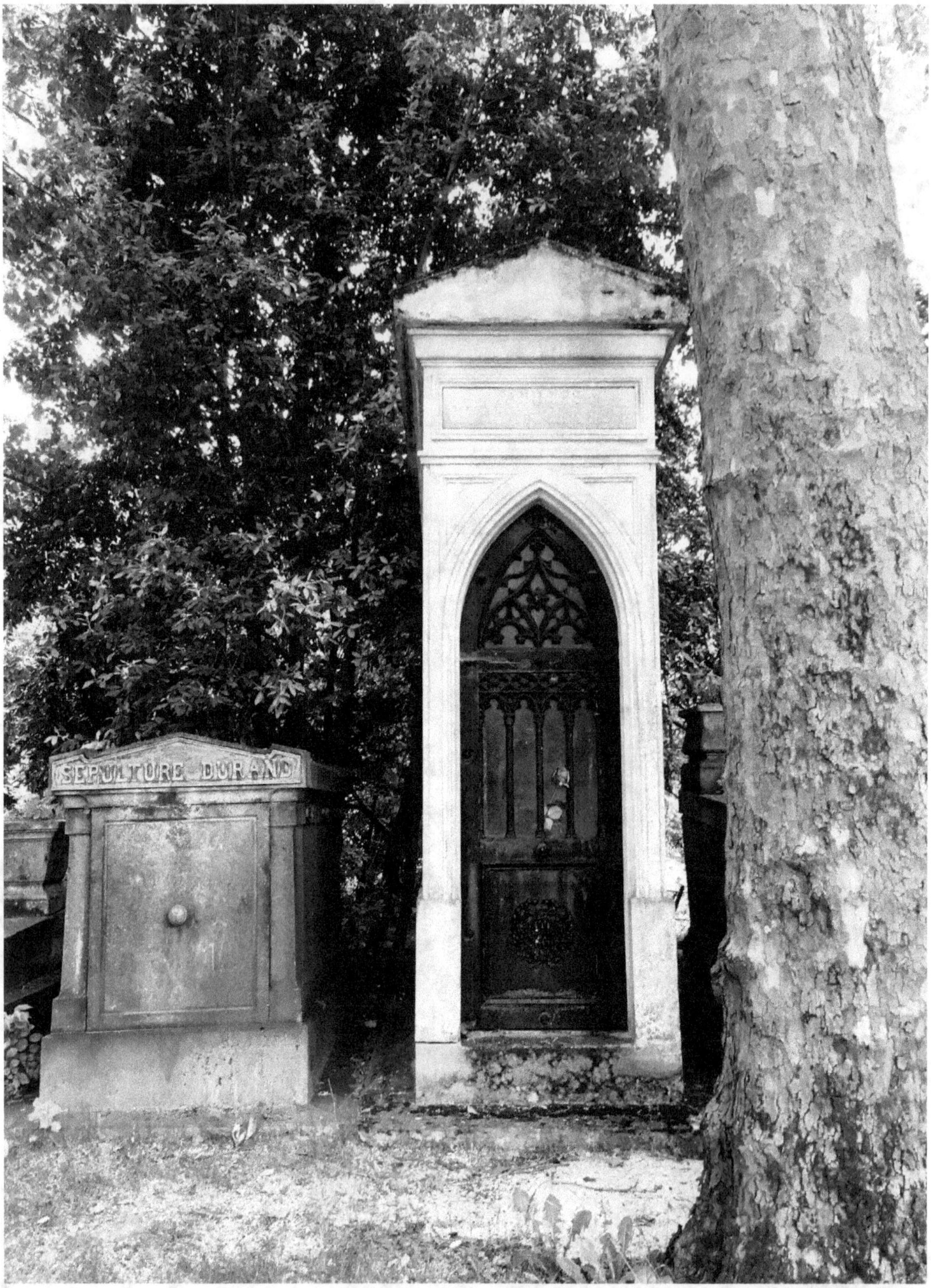
SEPULTURE DURAND

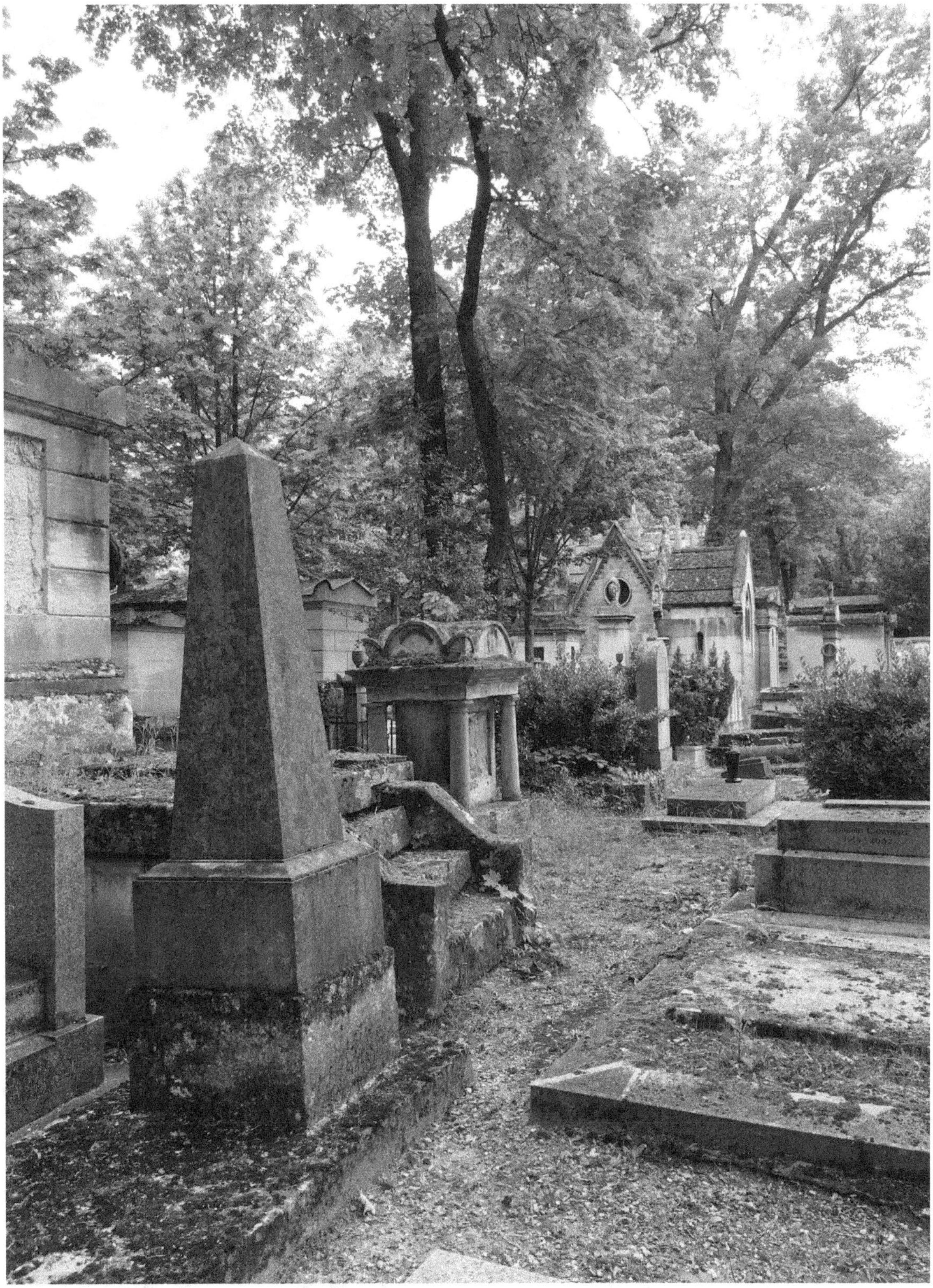

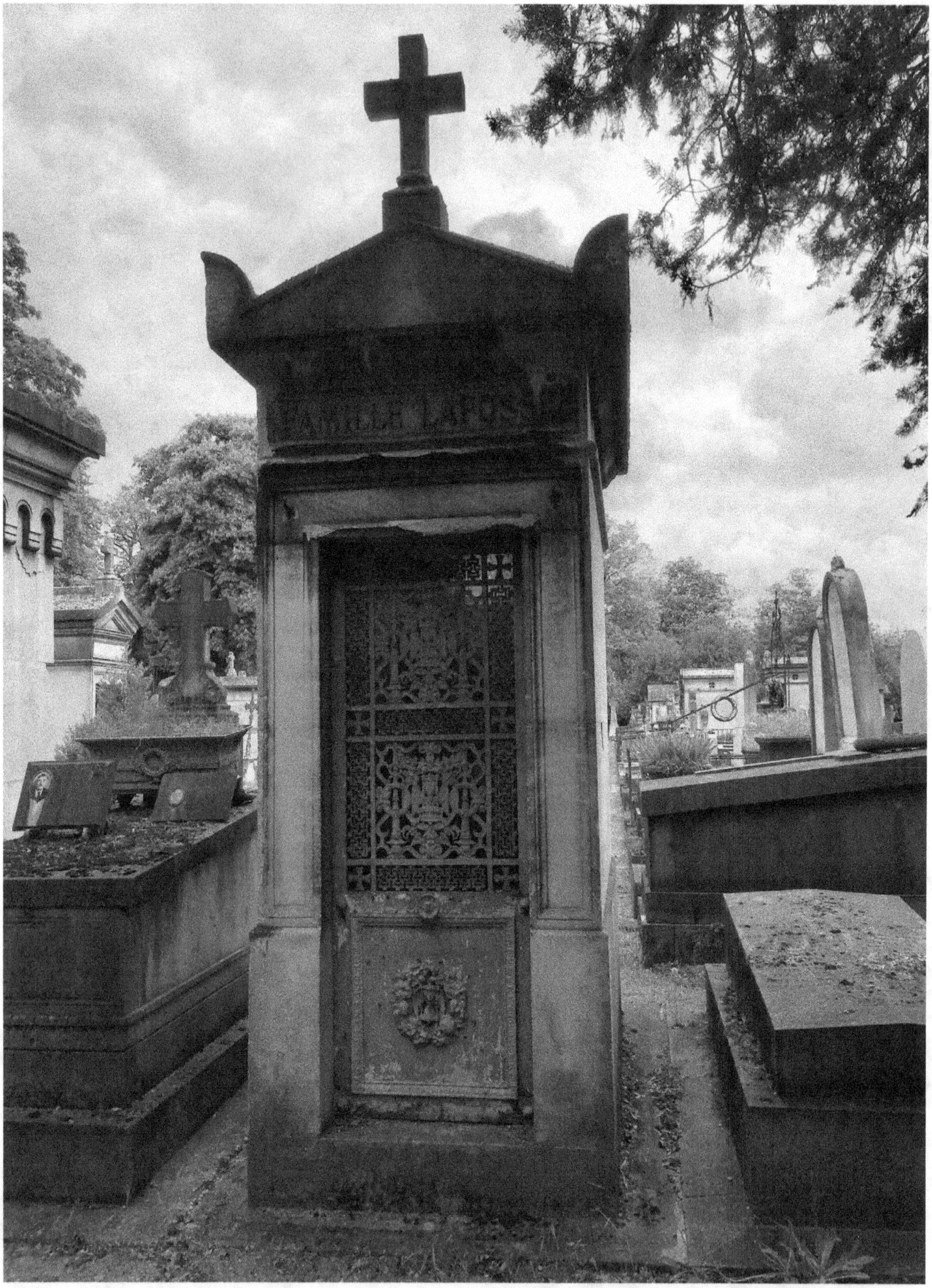

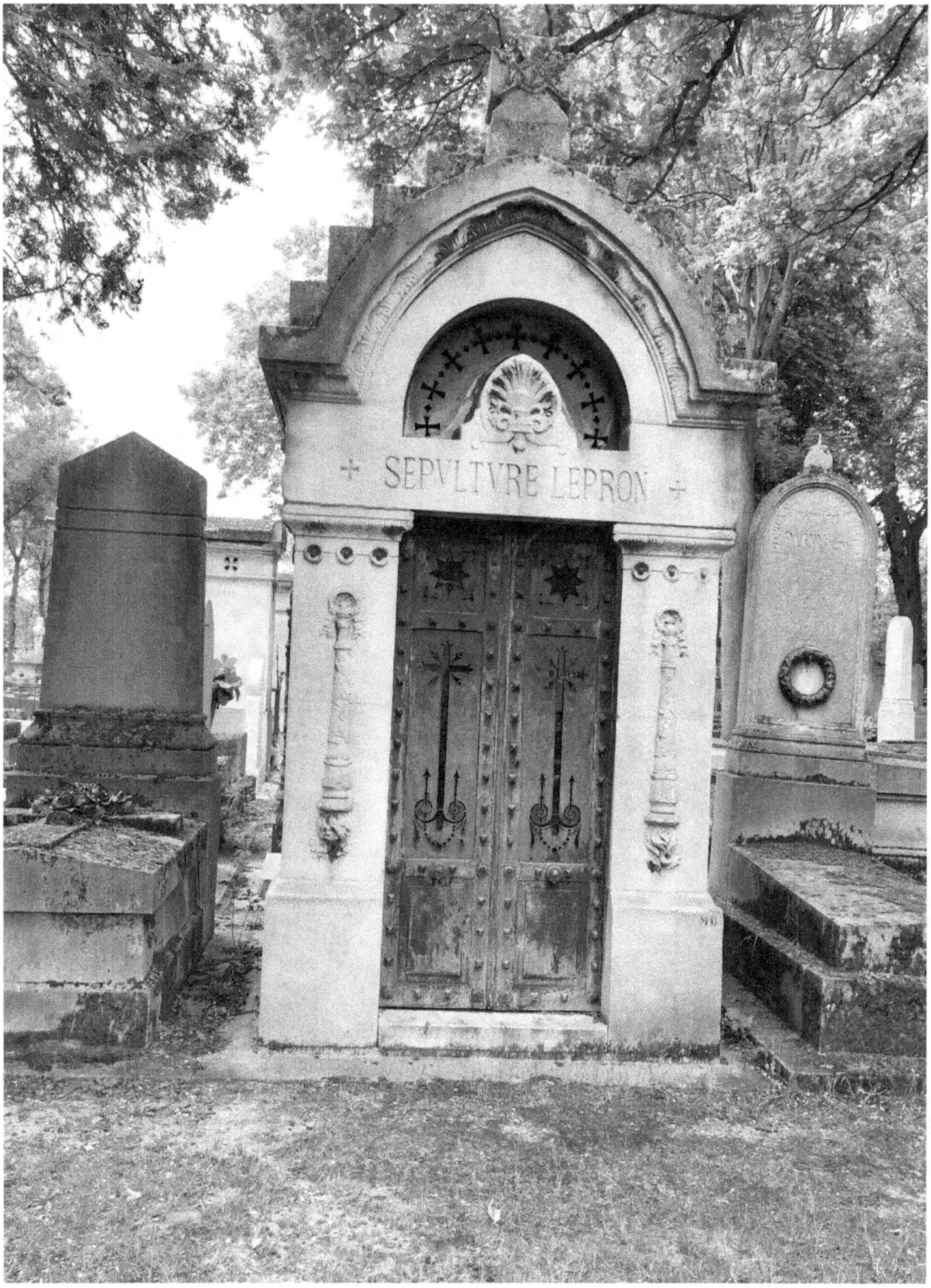
SEPVLTVRE LEPRON

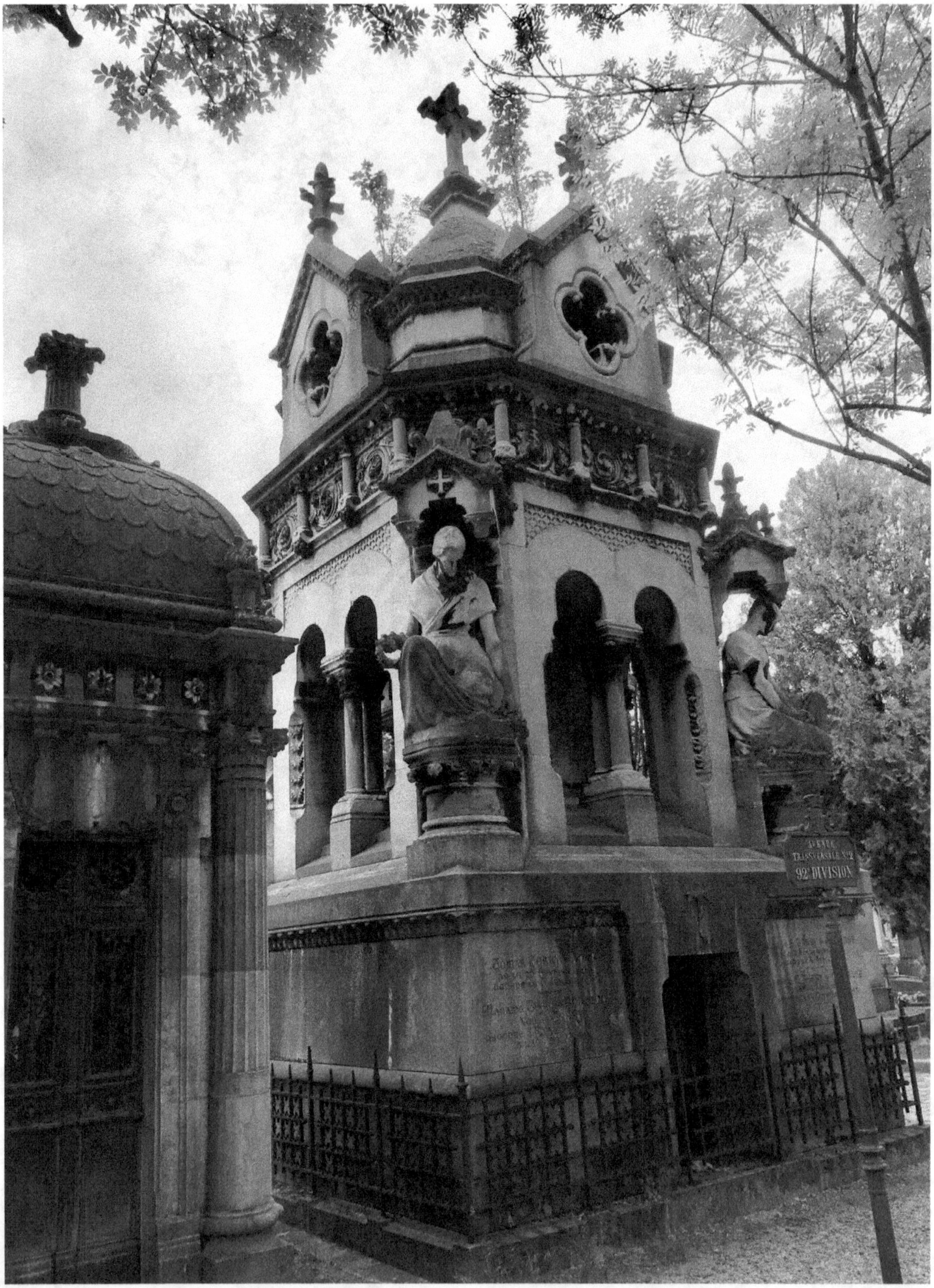
92e DIVISION

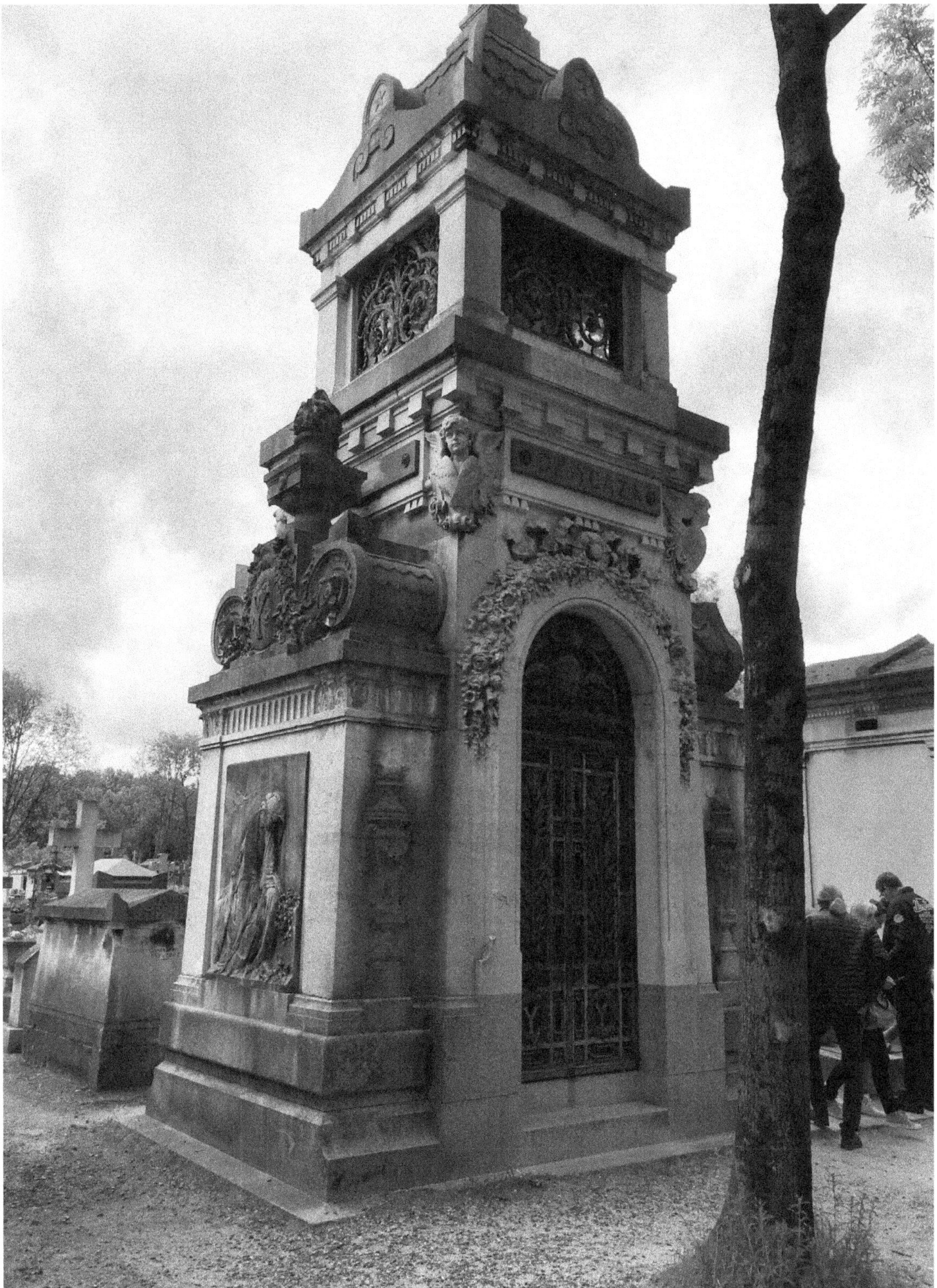

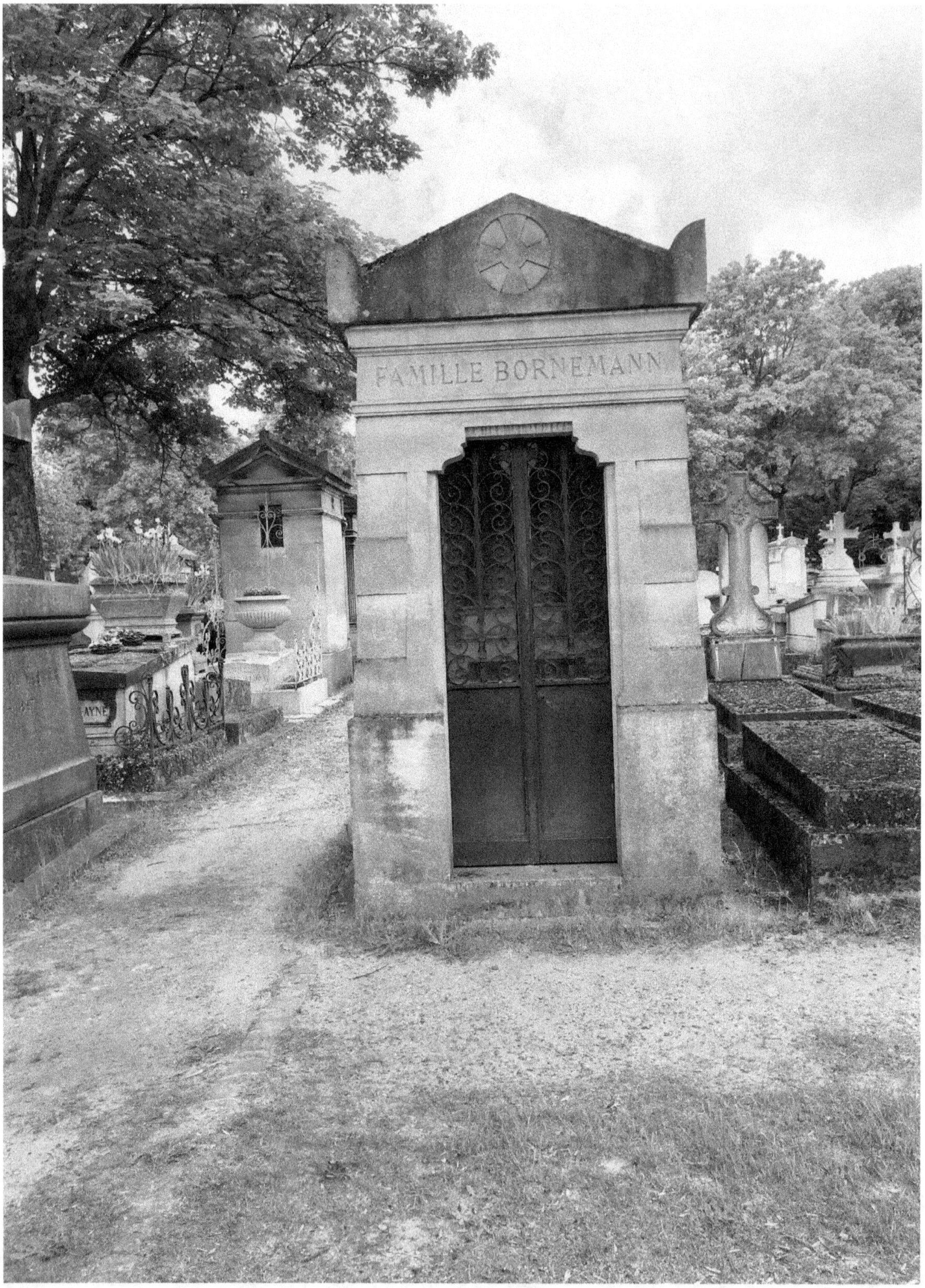
FAMILLE BORNEMANN

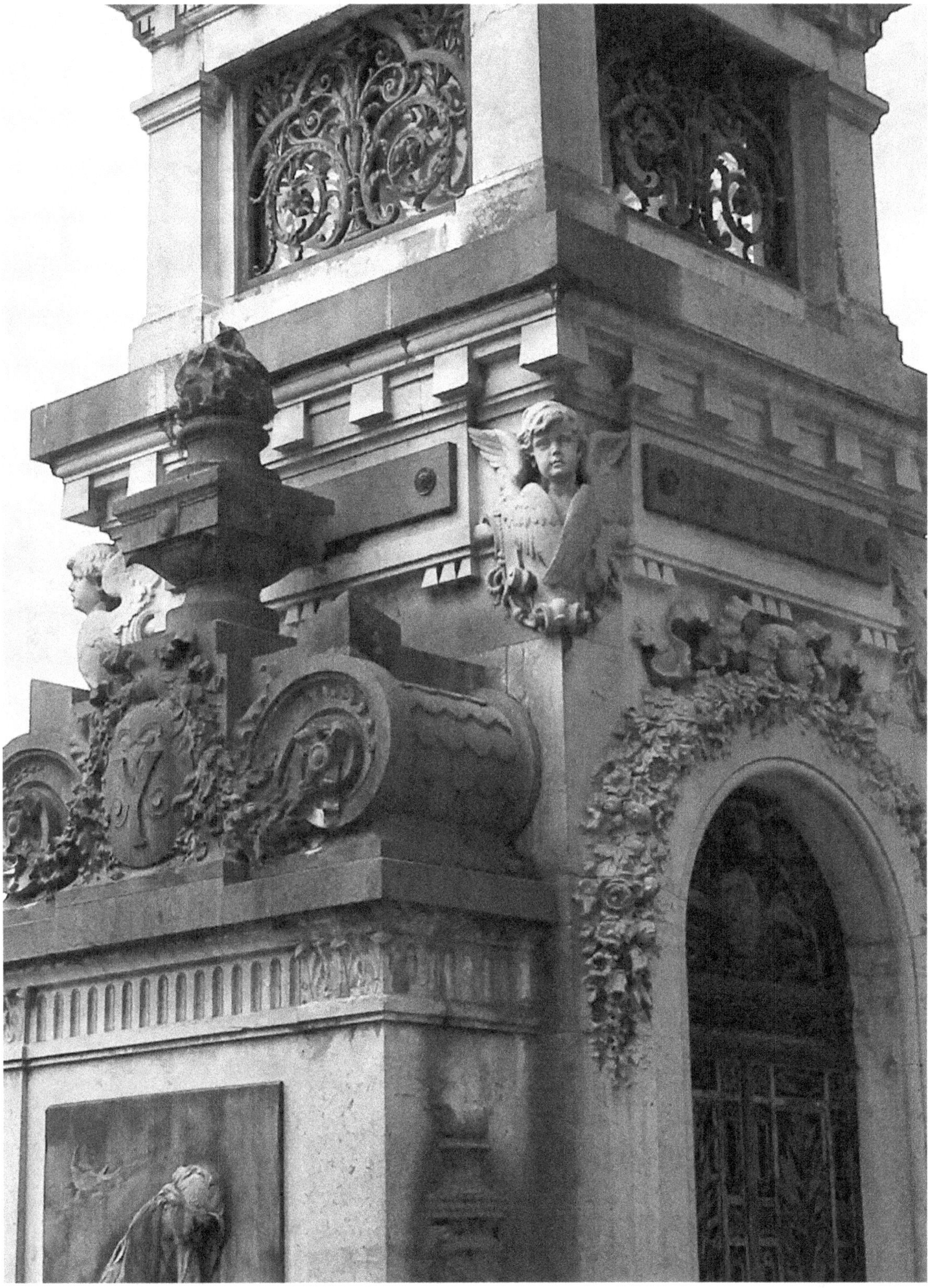

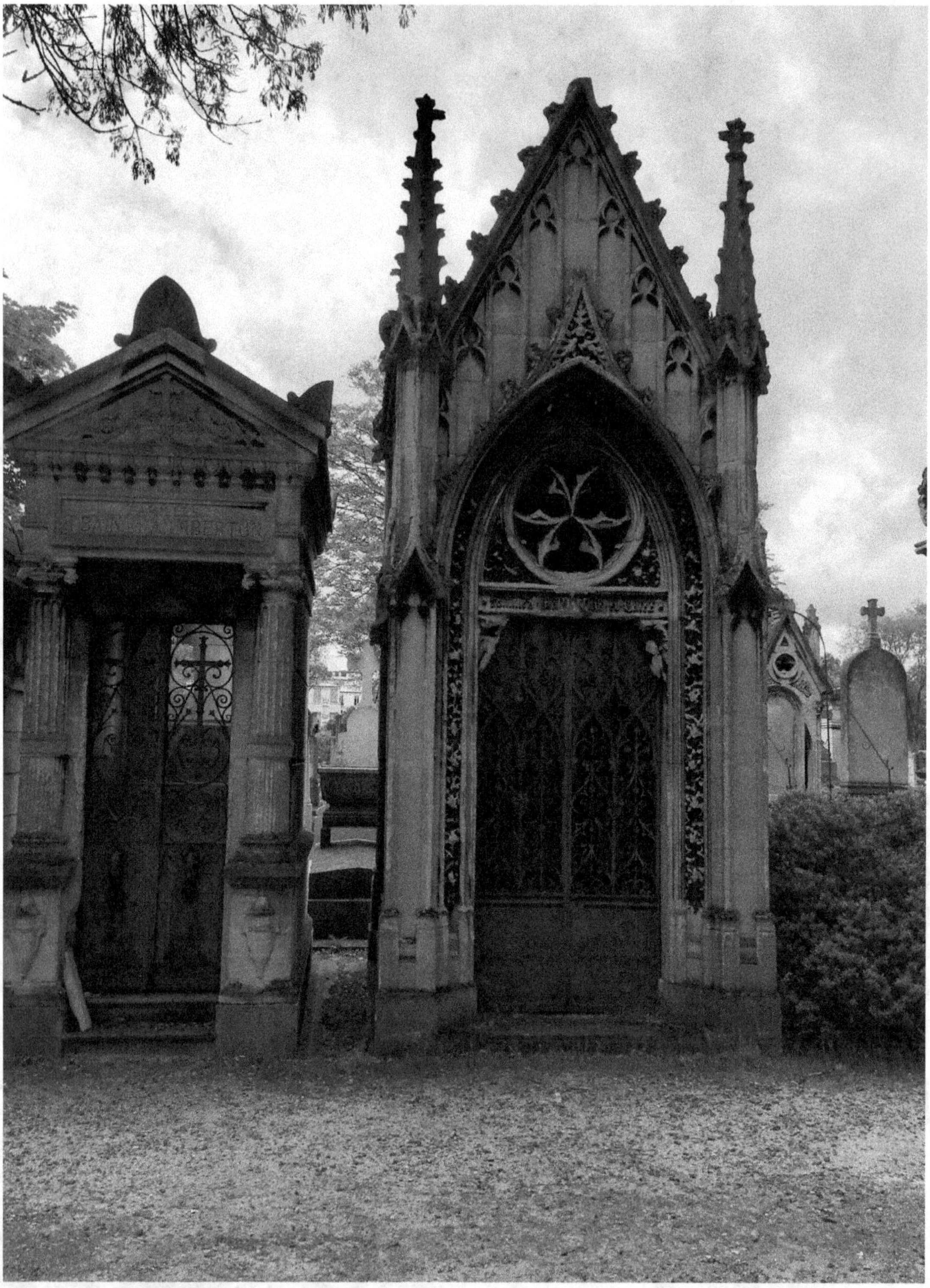

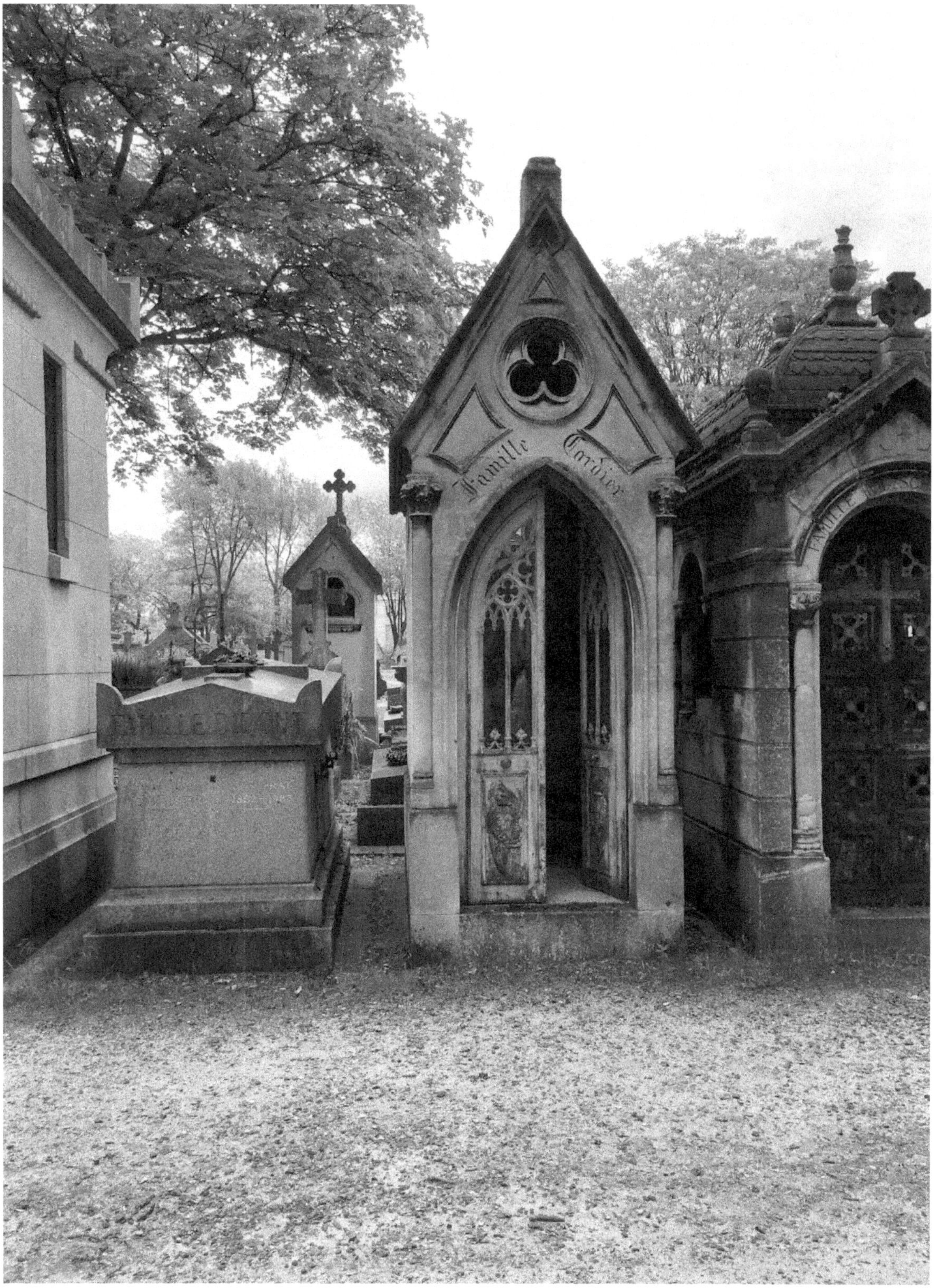
Famille Cordier

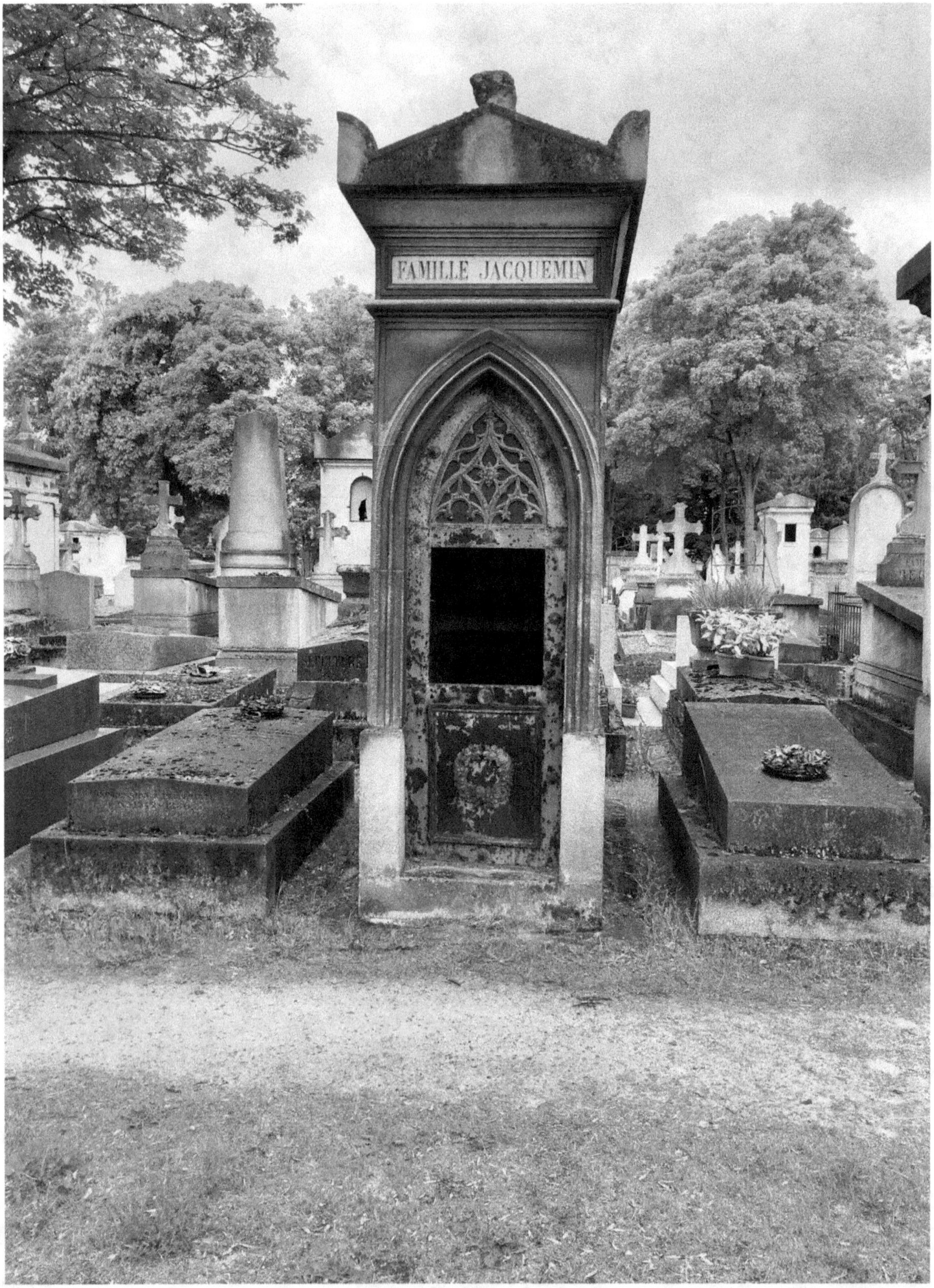
FAMILLE JACQUEMIN

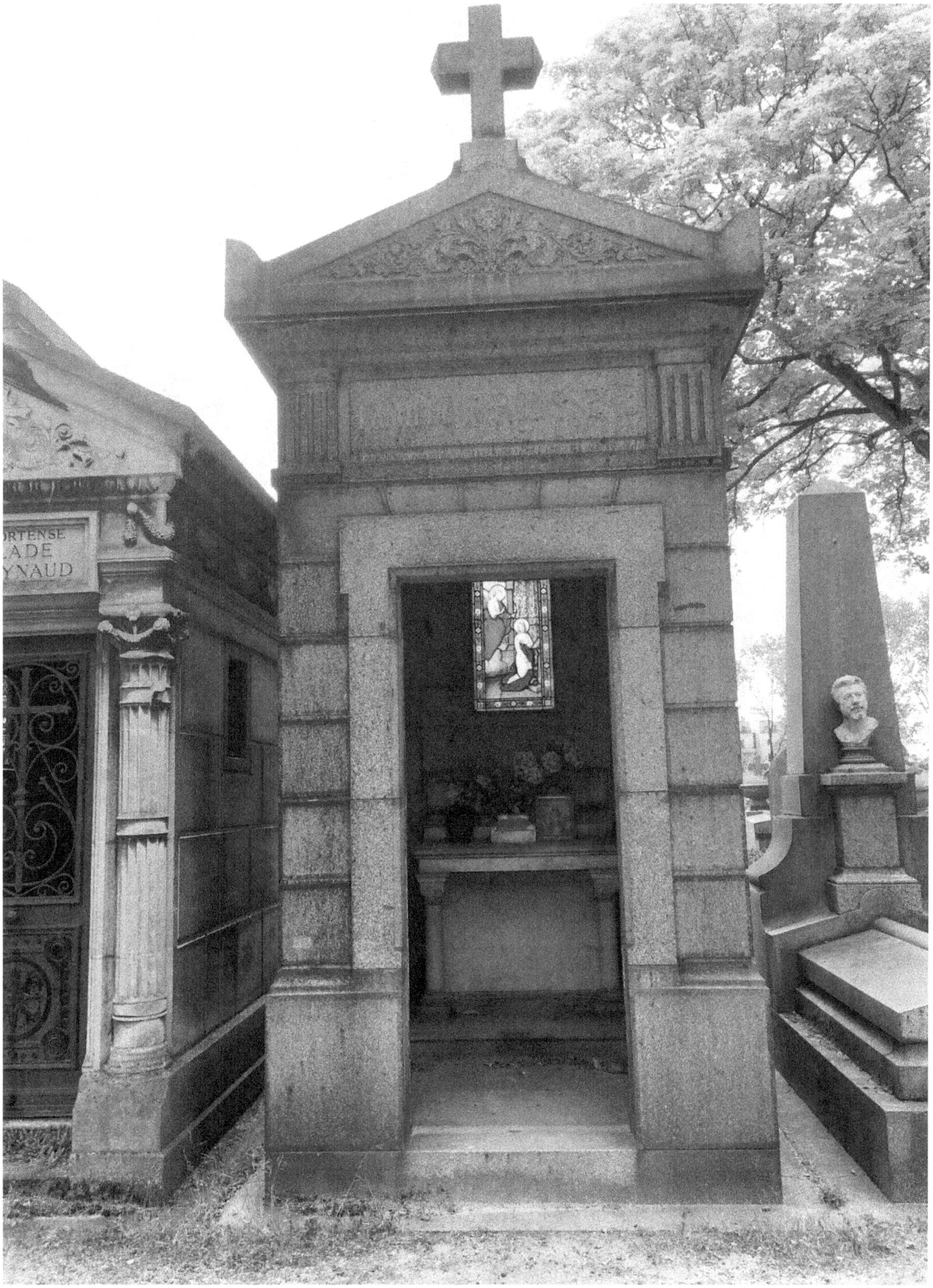

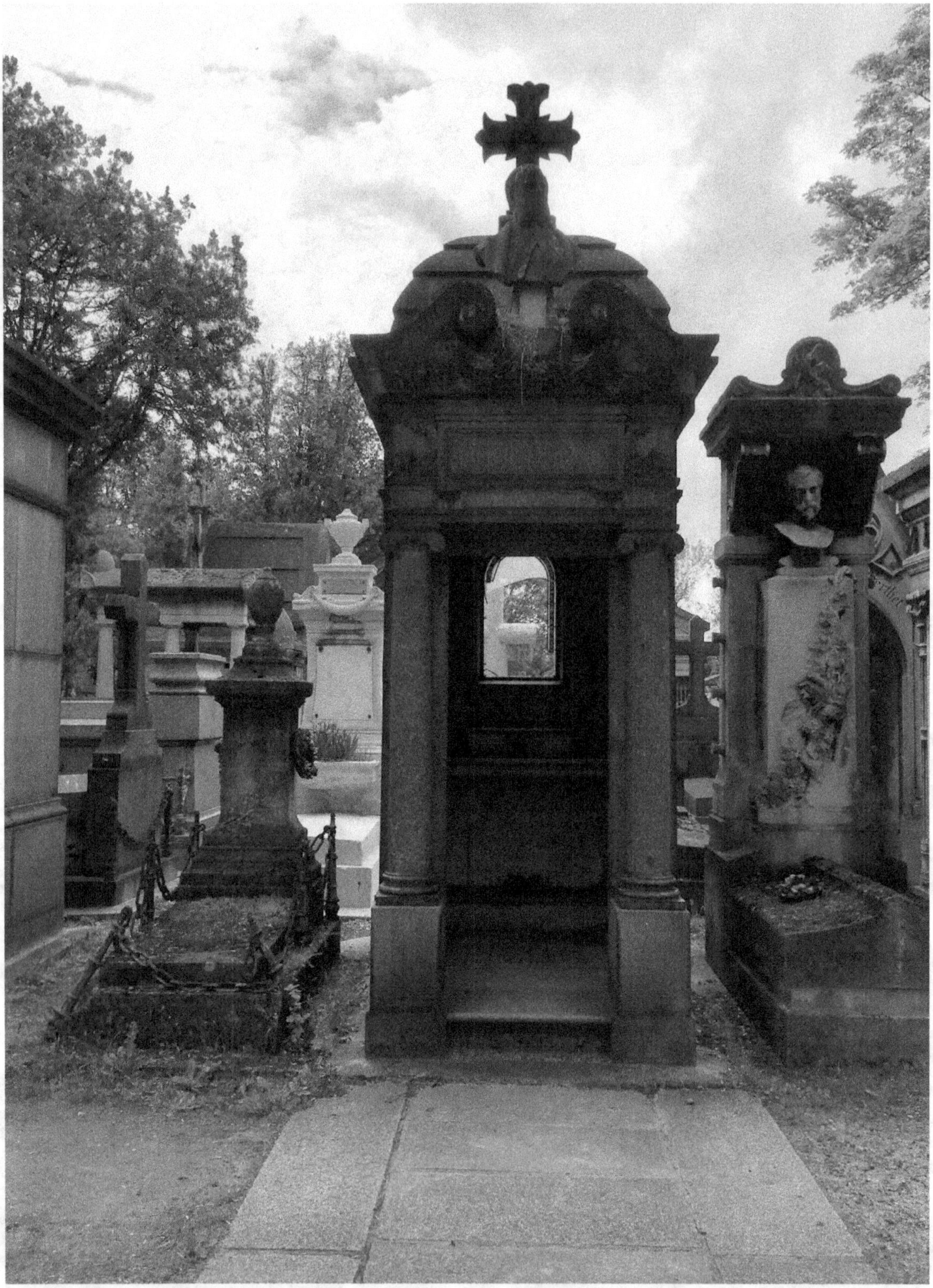

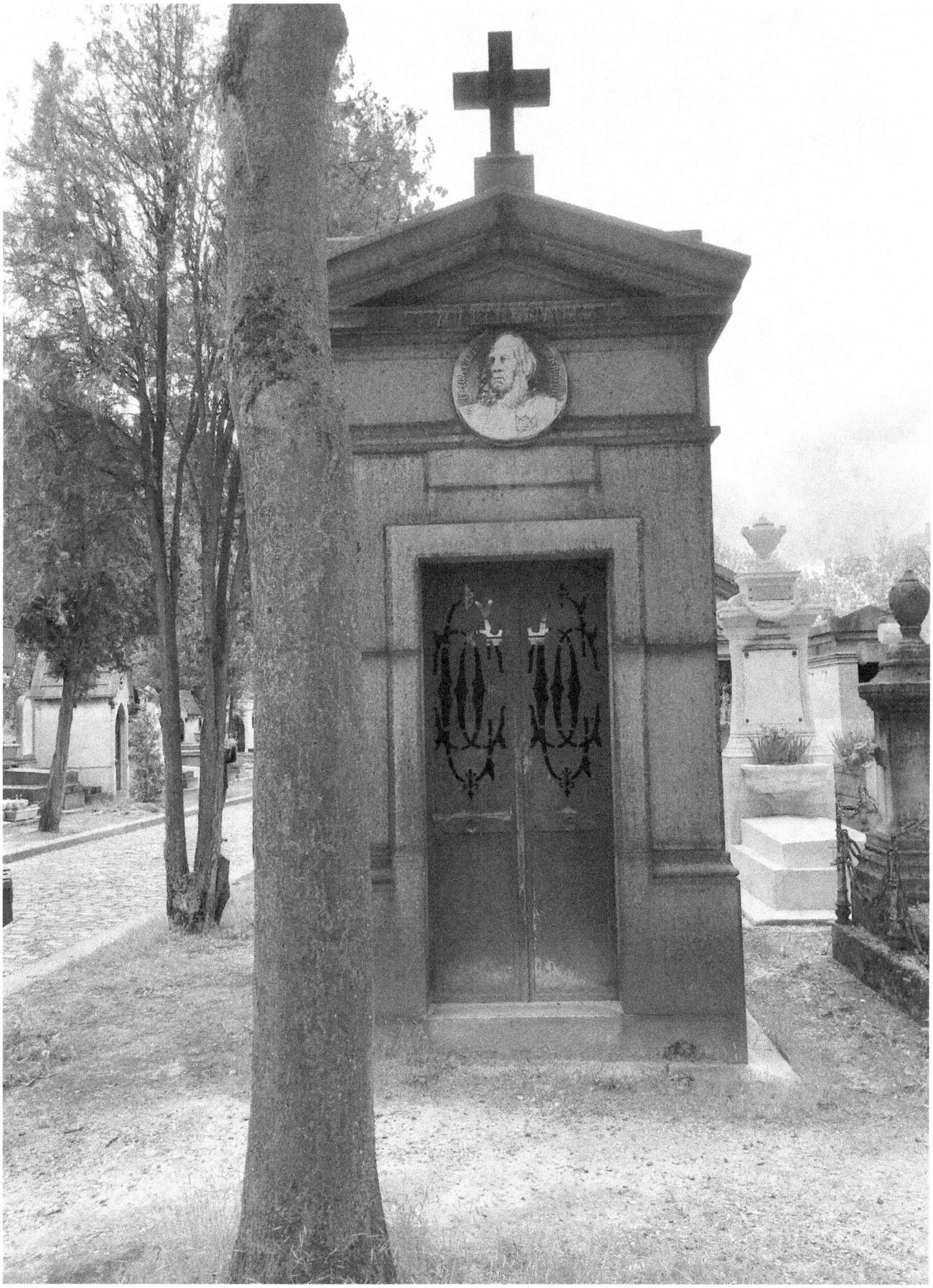

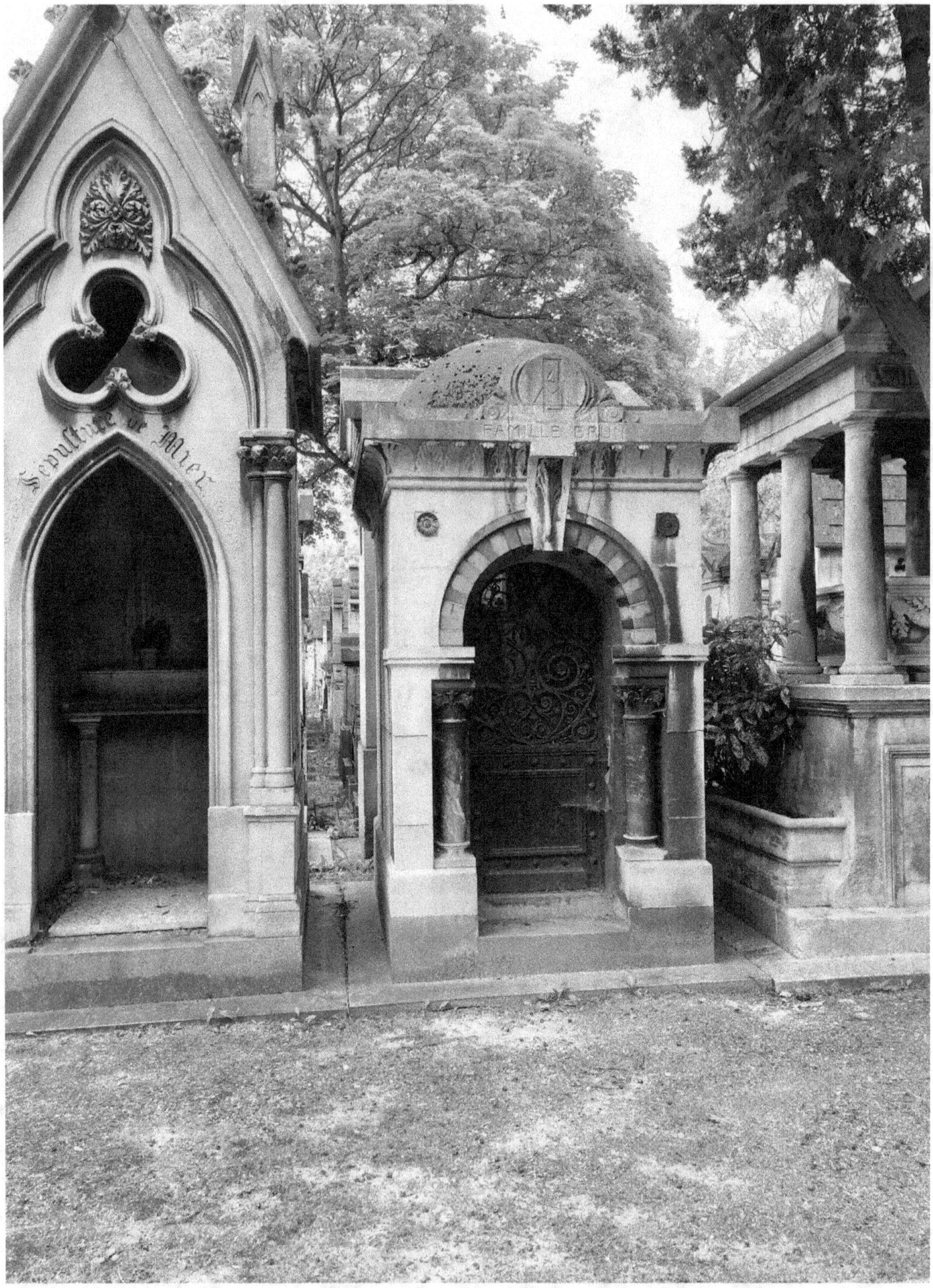
FAMILLE BRUN

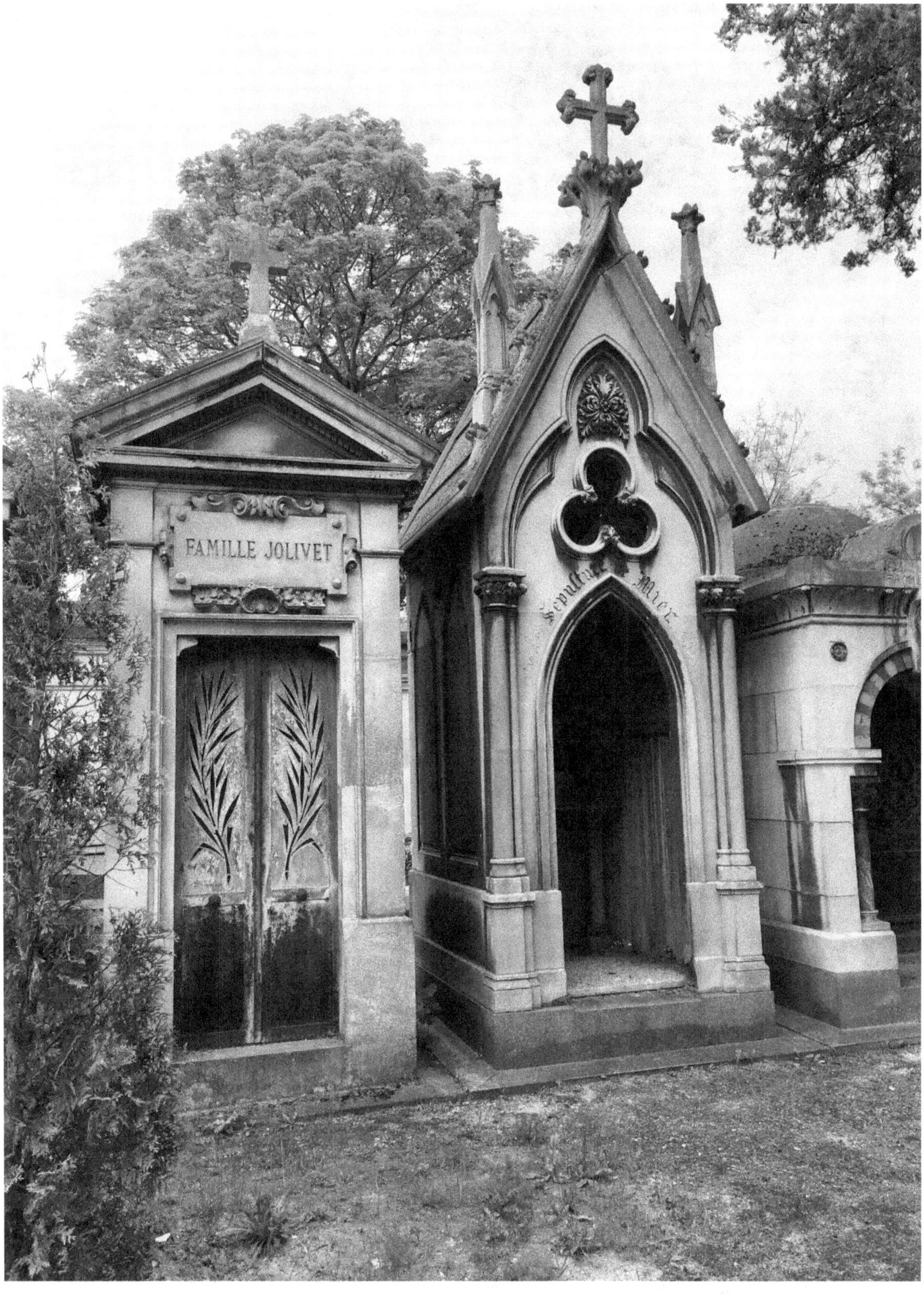
FAMILLE JOLIVET

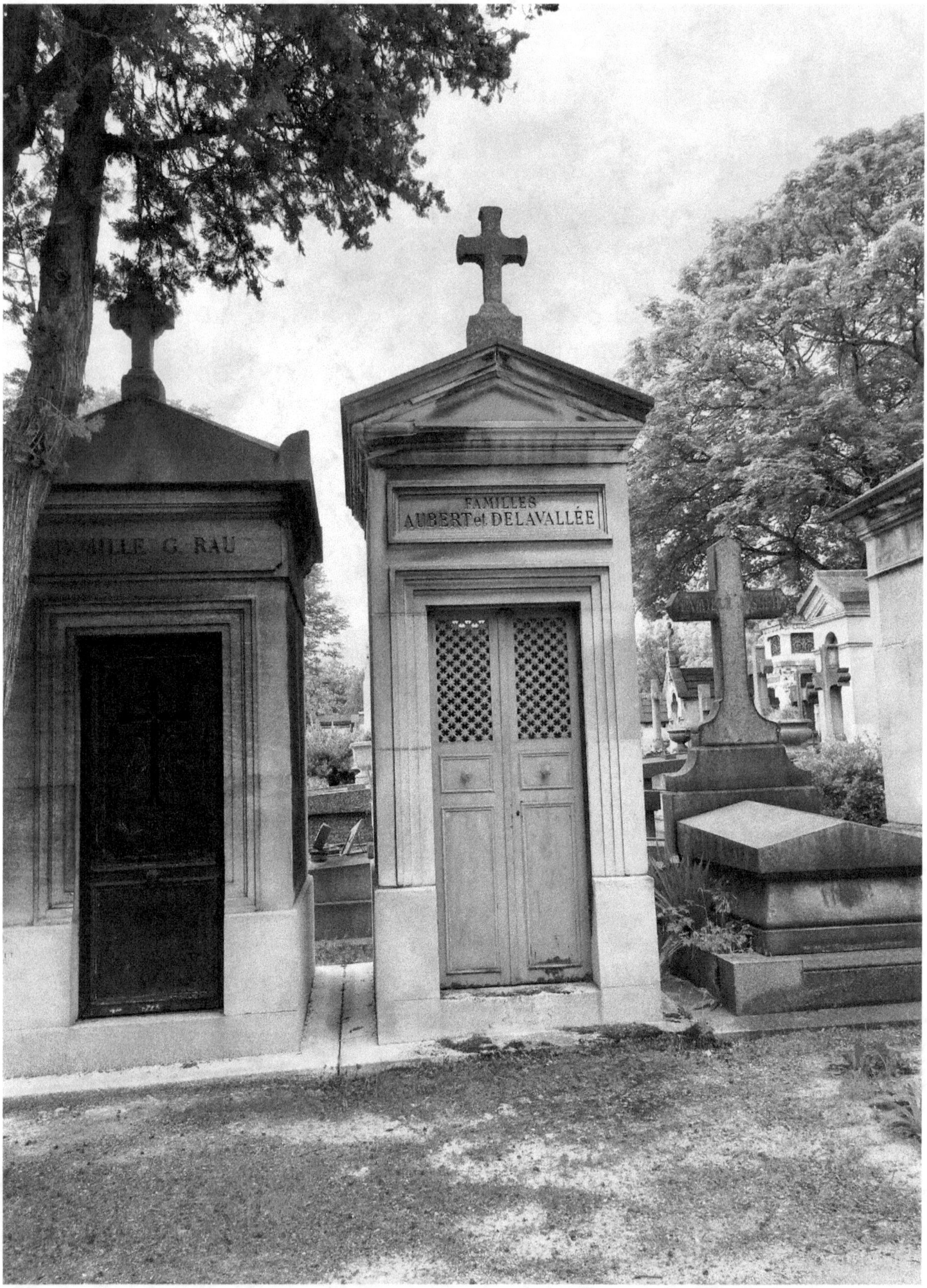
FAMILLES
AUBERT et DELAVALLÉE

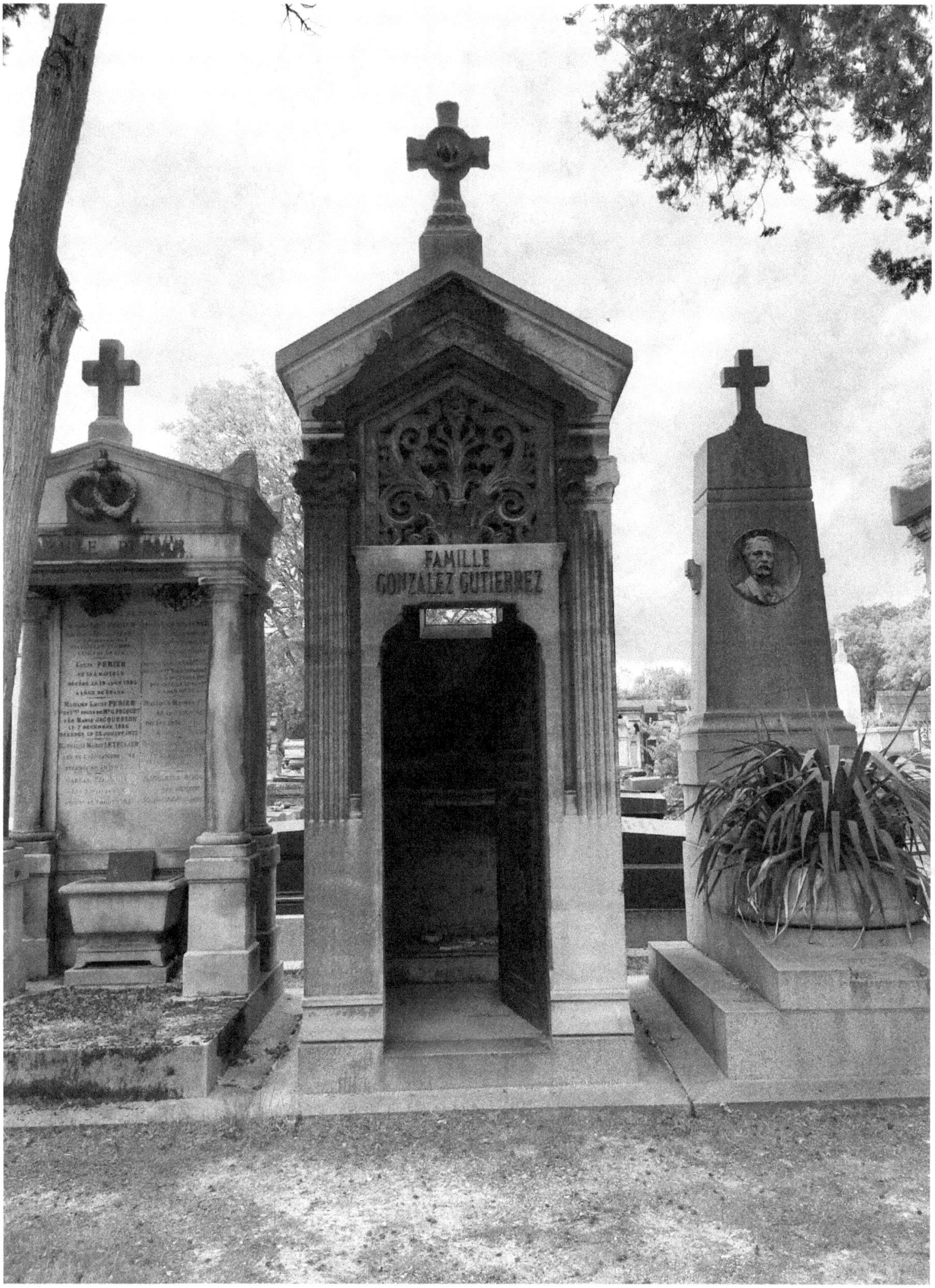
FAMILLE
GONZALEZ GUTIERREZ

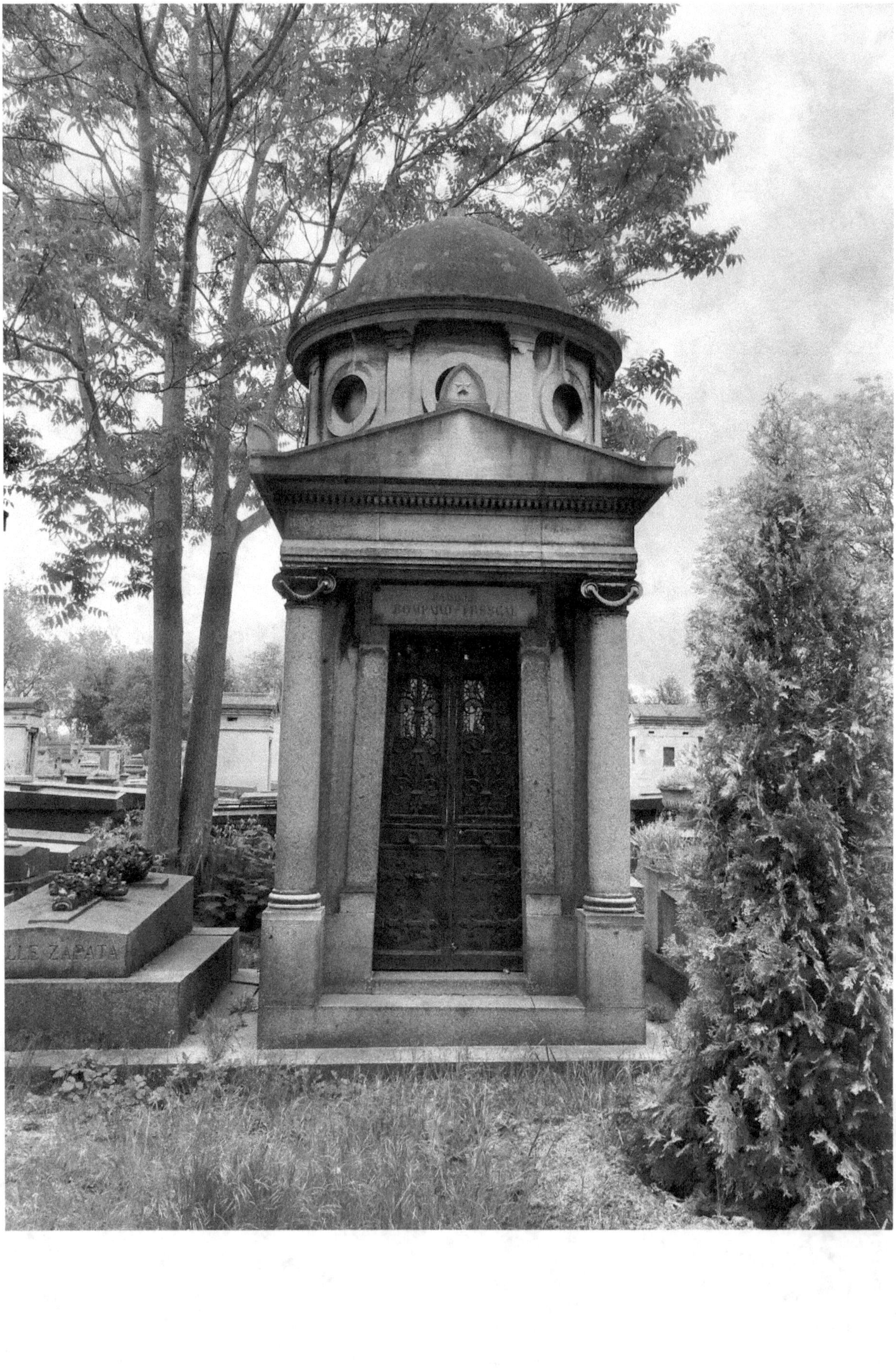
LLE ZAPATA

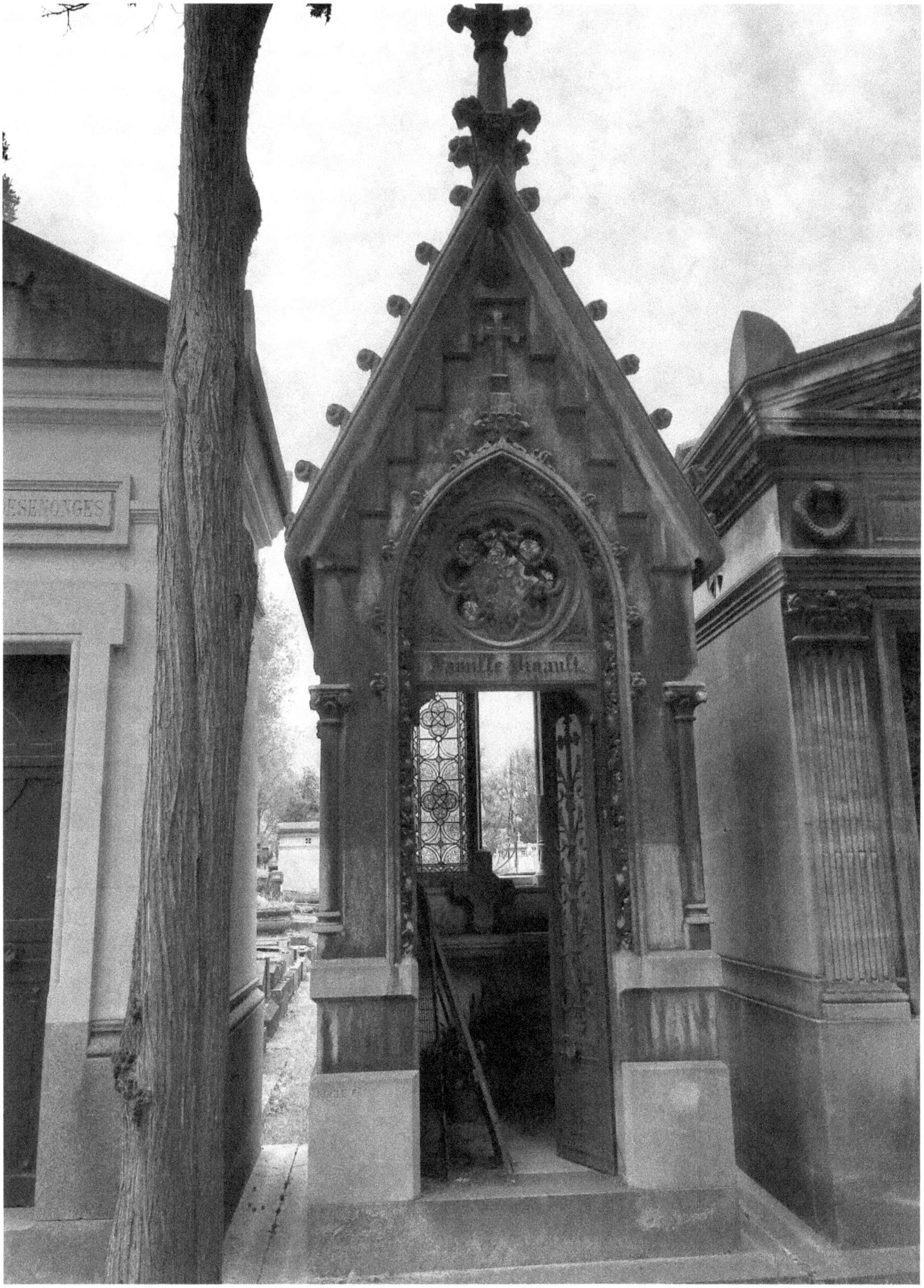
ESEMONGES

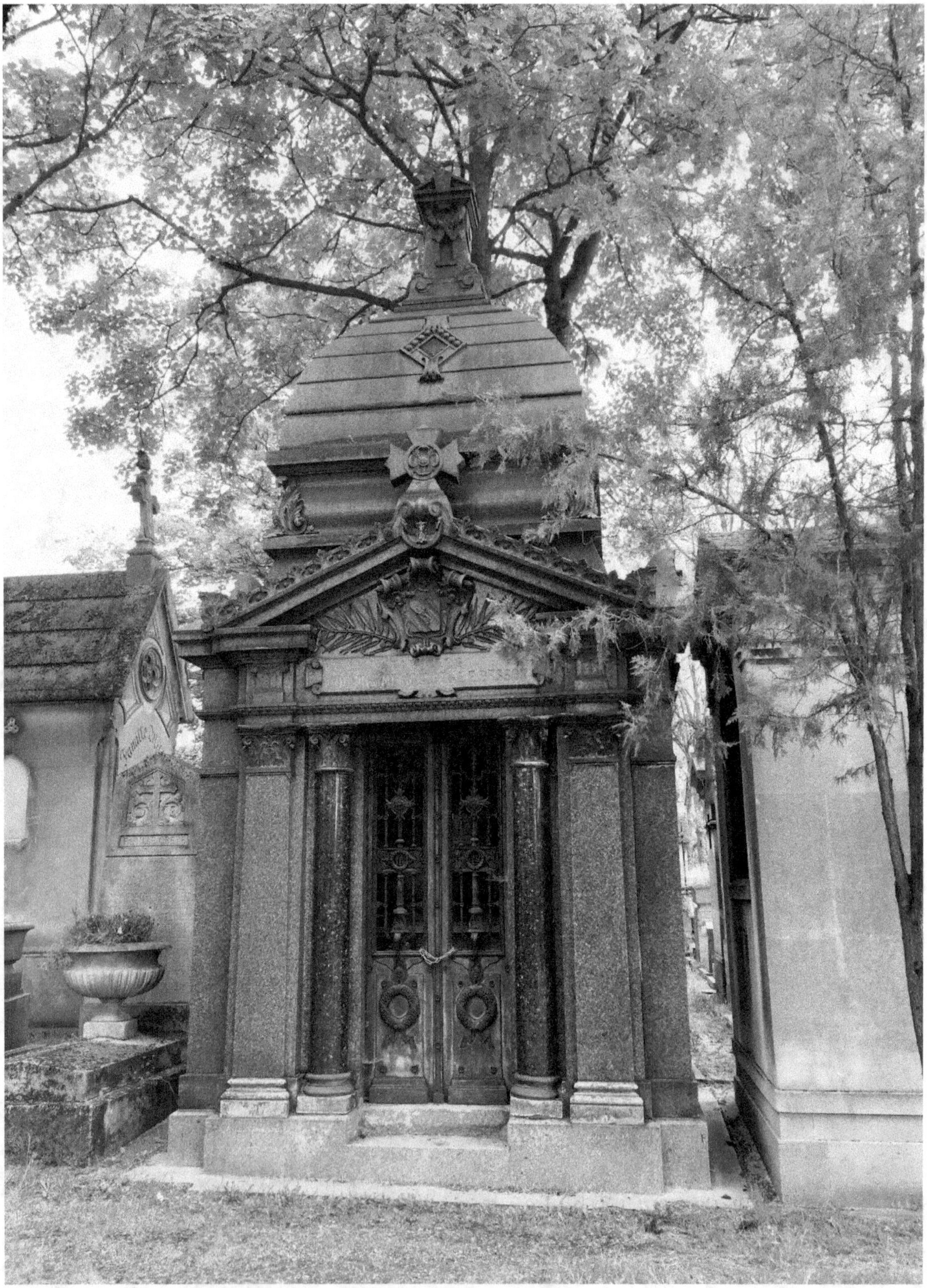

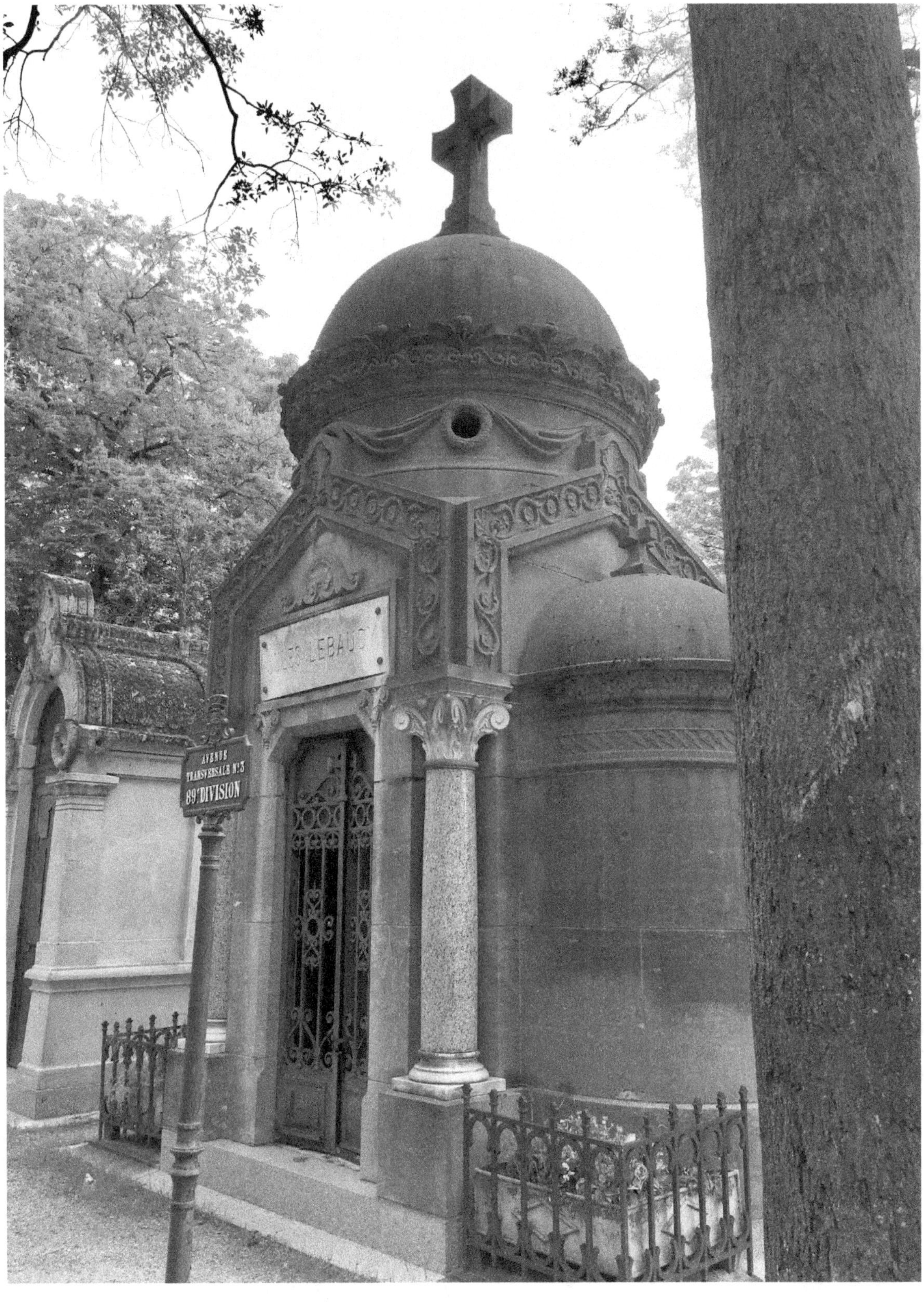
AVENUE
TRANSVERSALE N°3
89E DIVISION

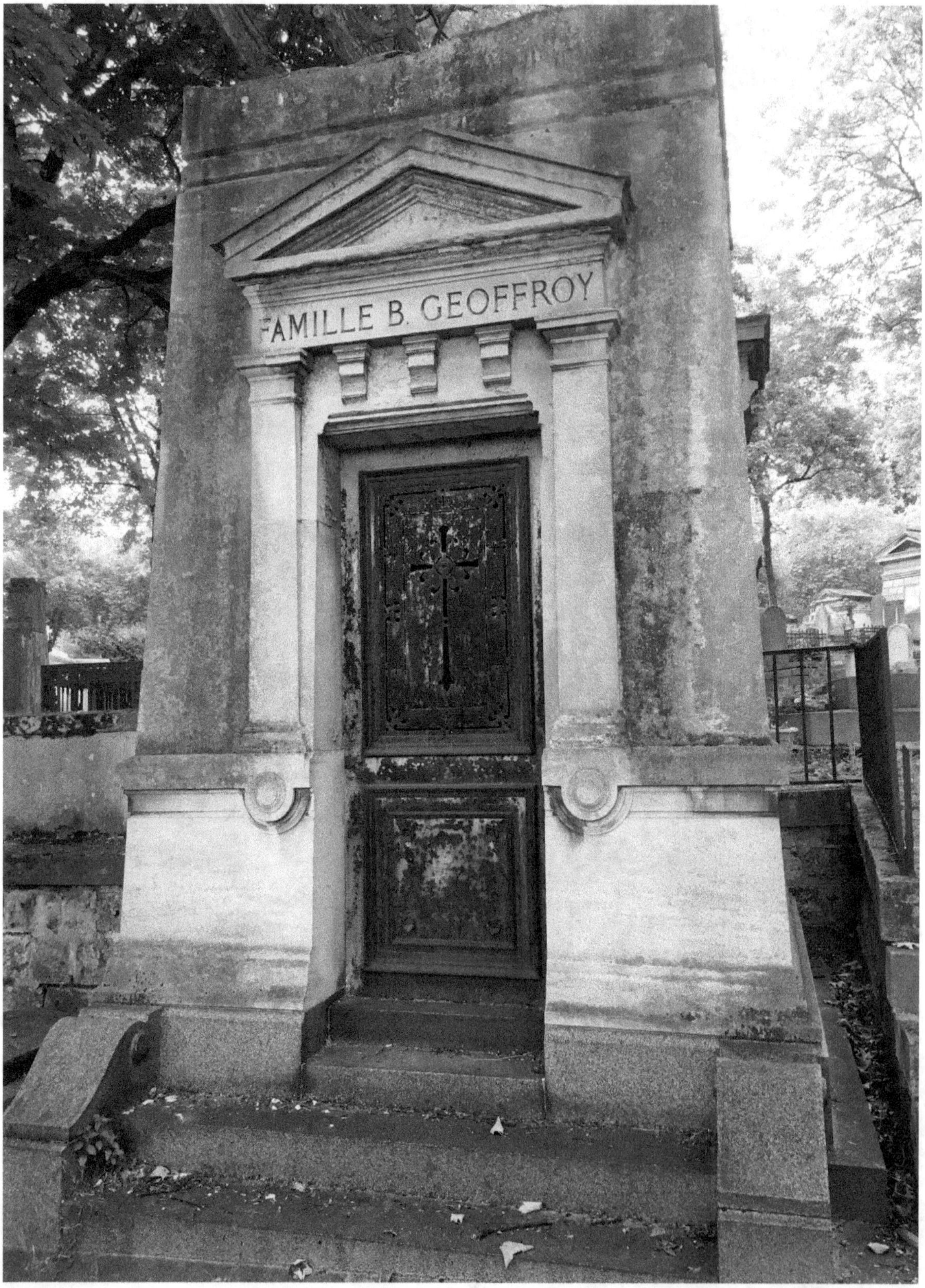
FAMILLE B. GEOFFROY

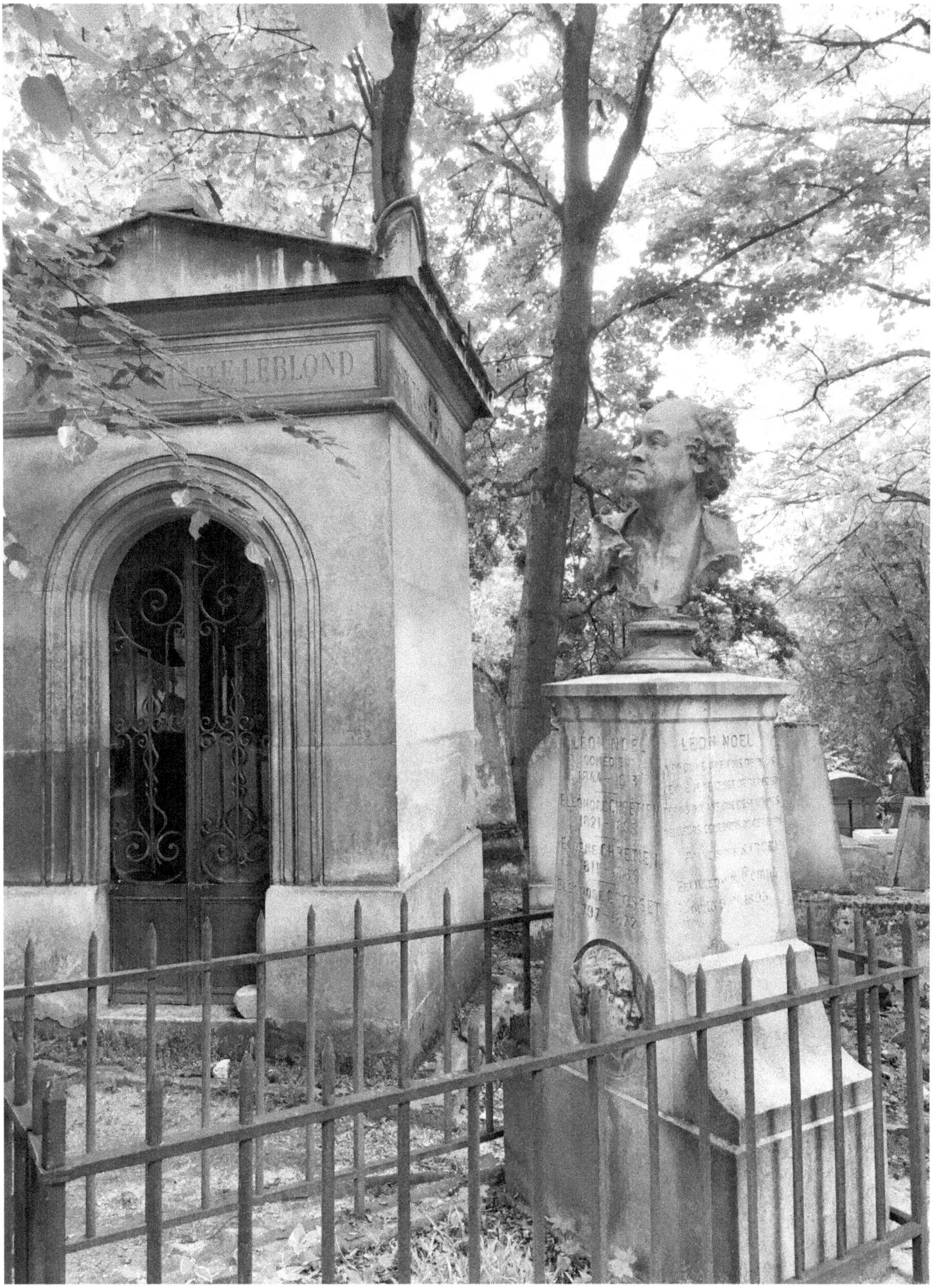
LEBLOND
LEON NOEL

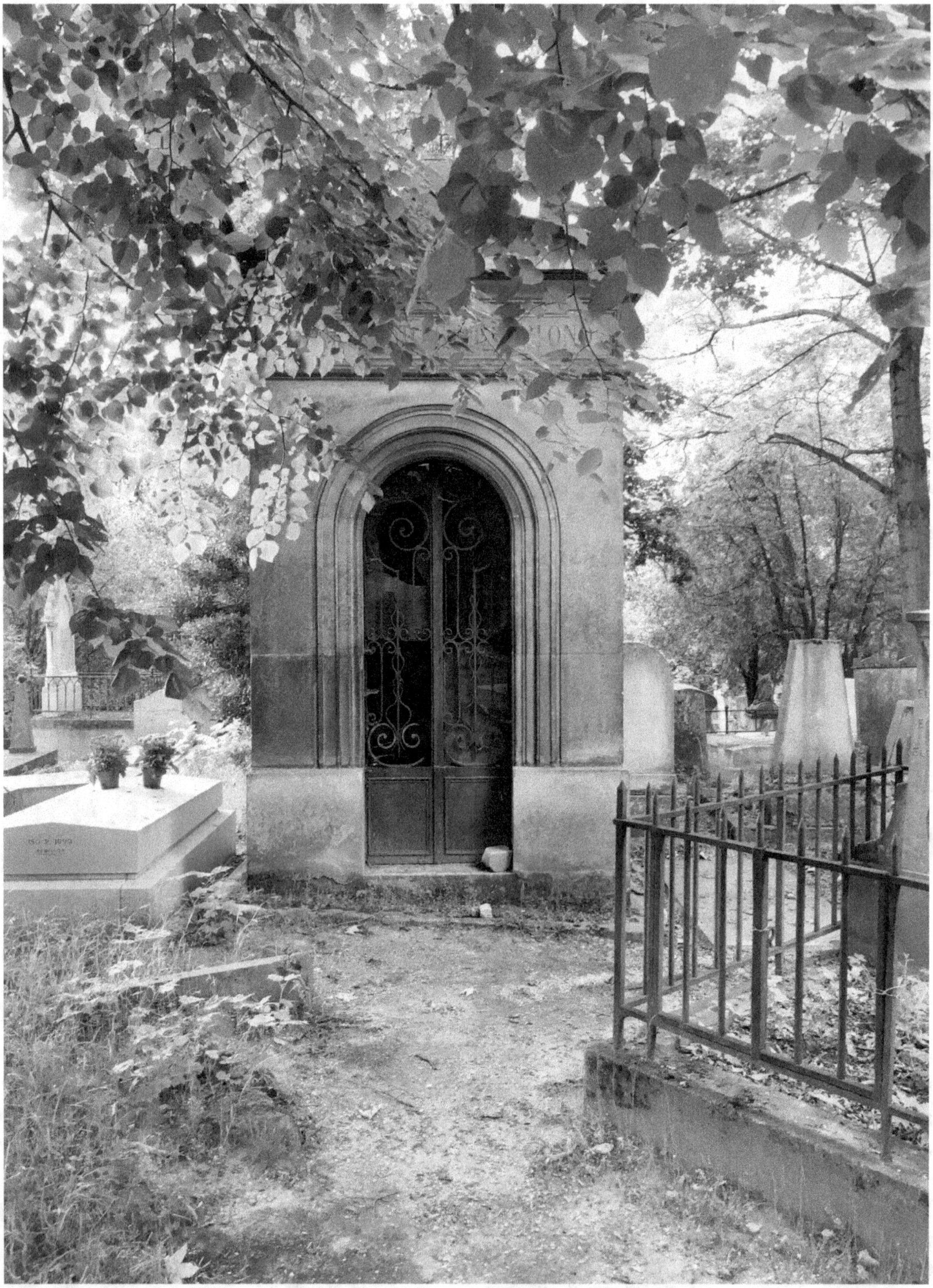

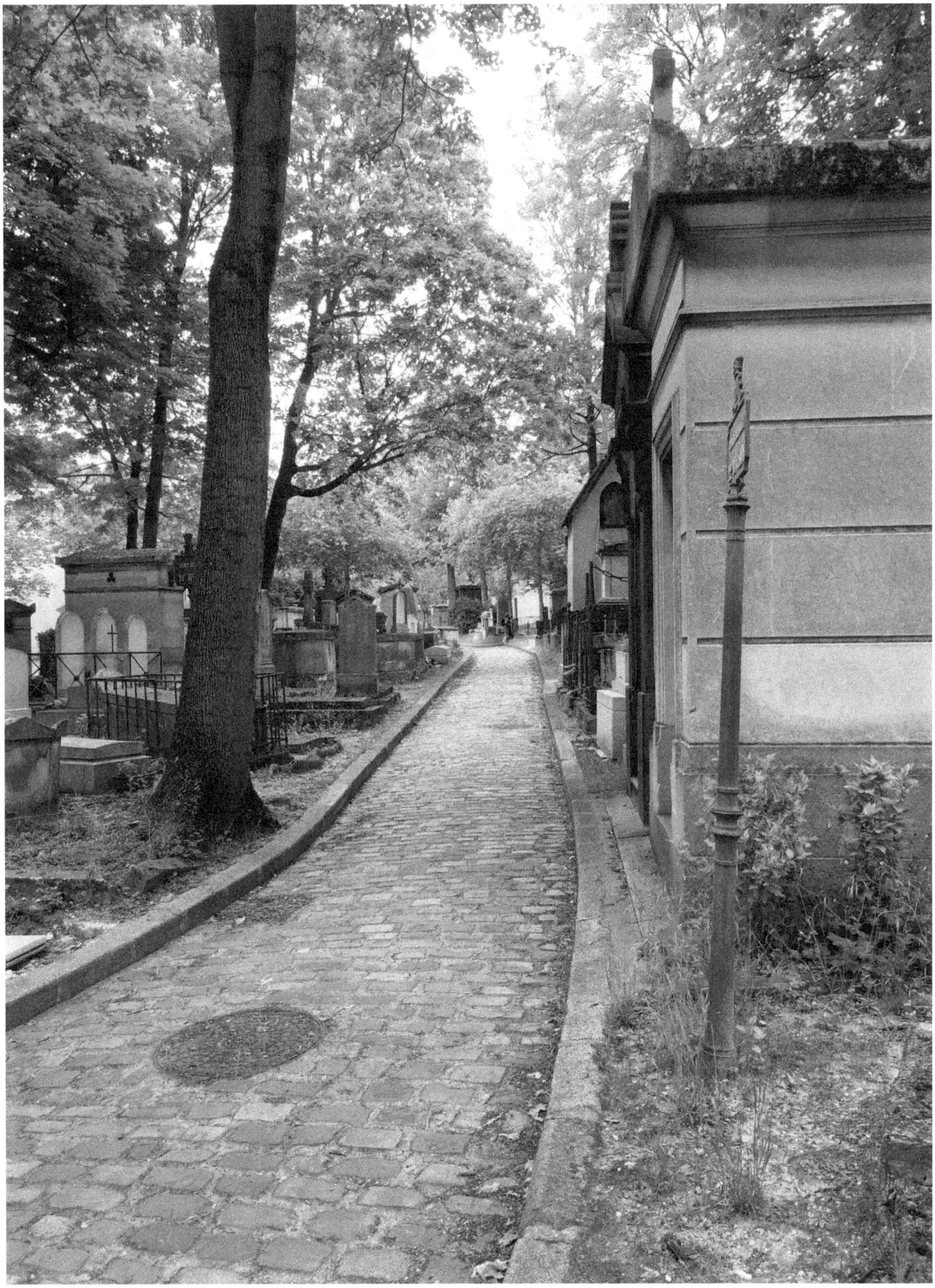

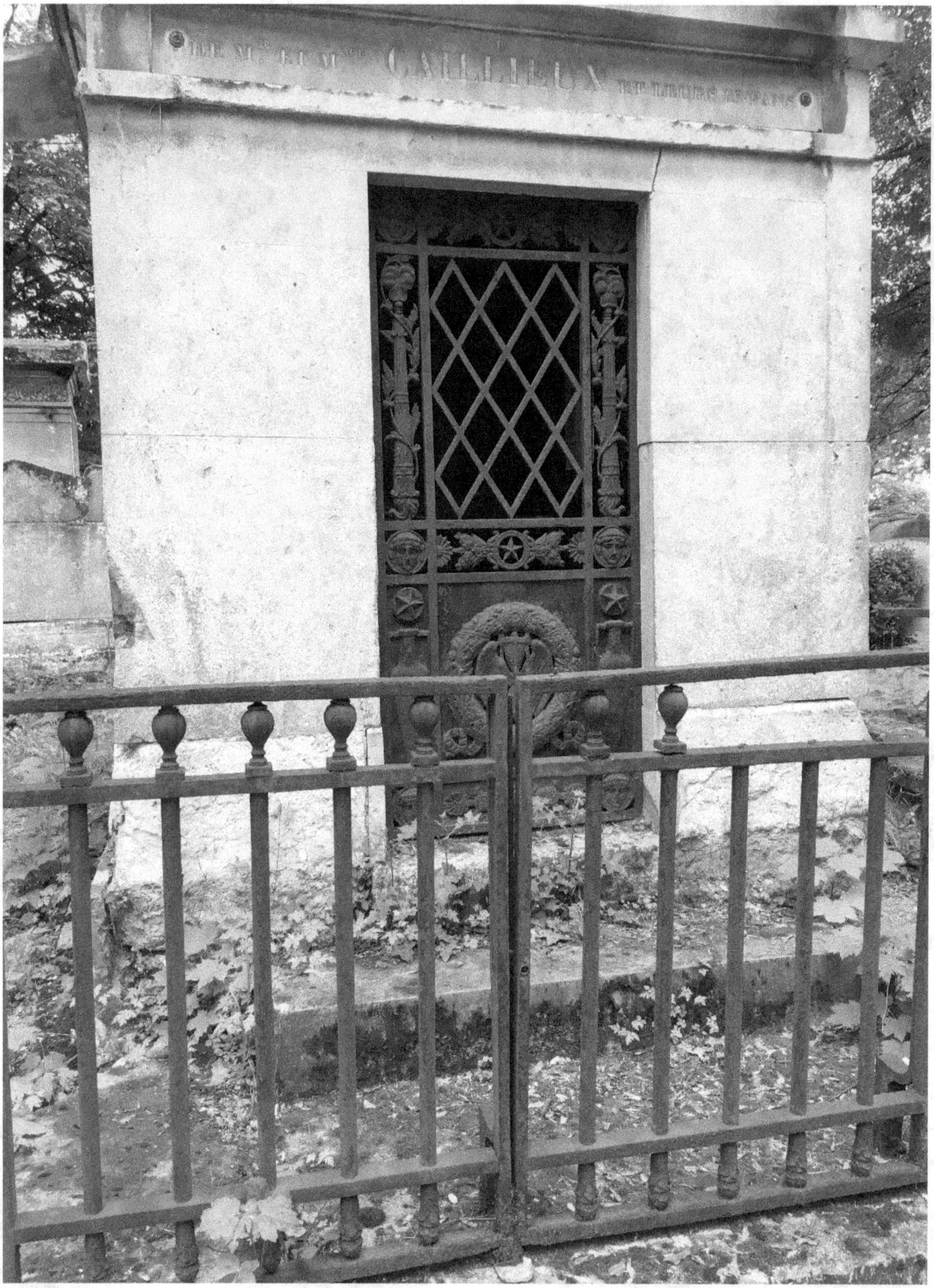

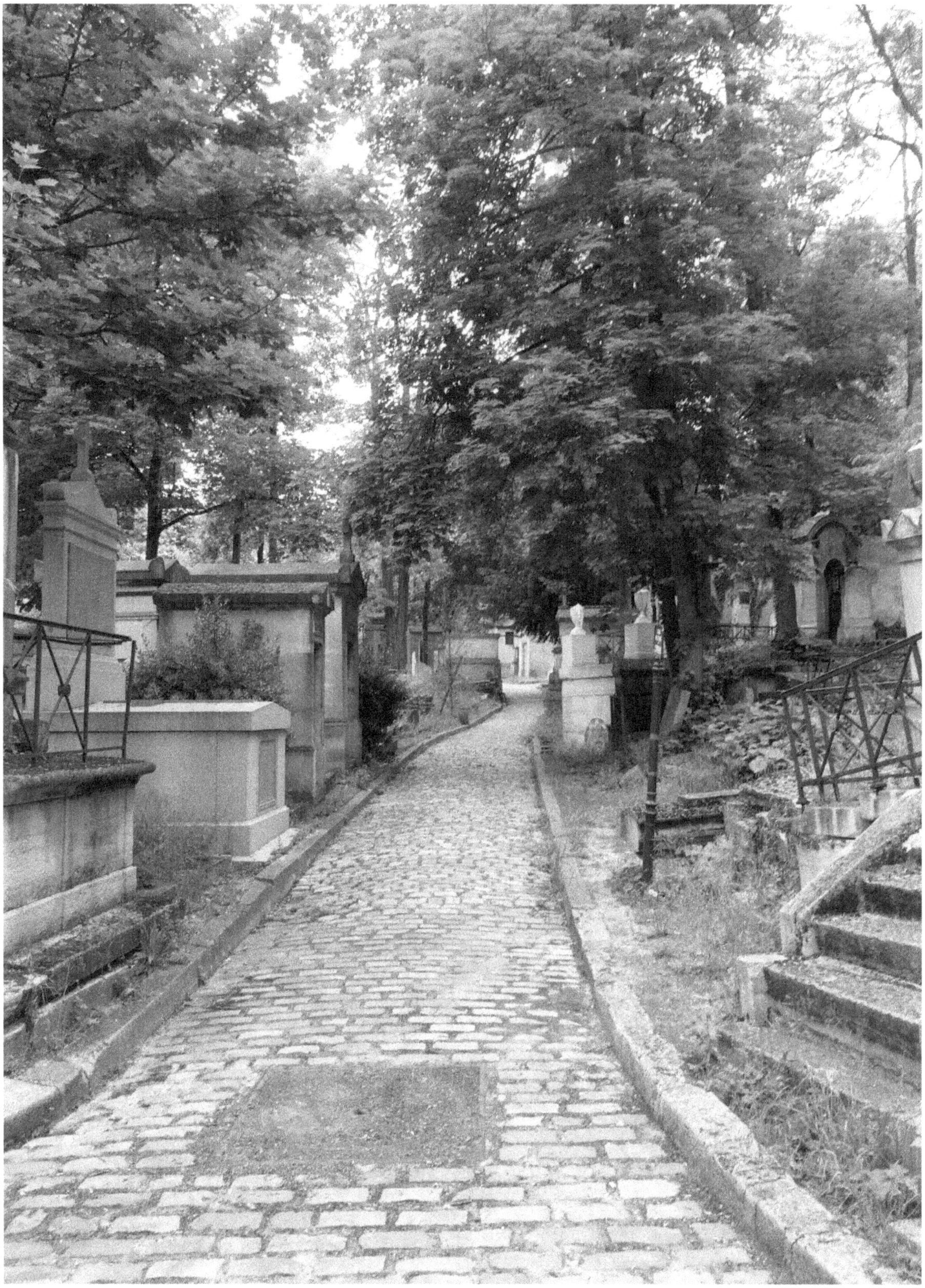

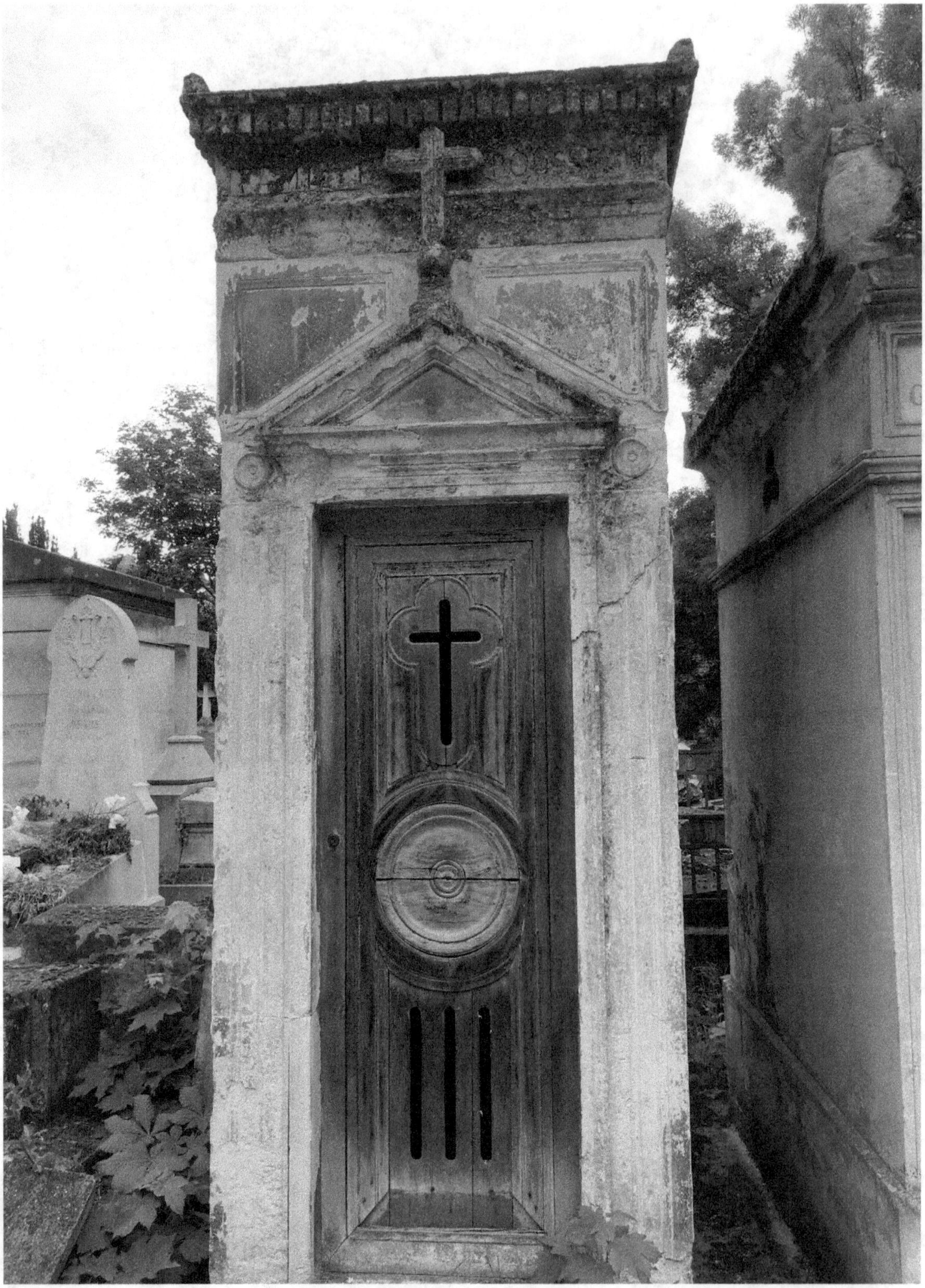

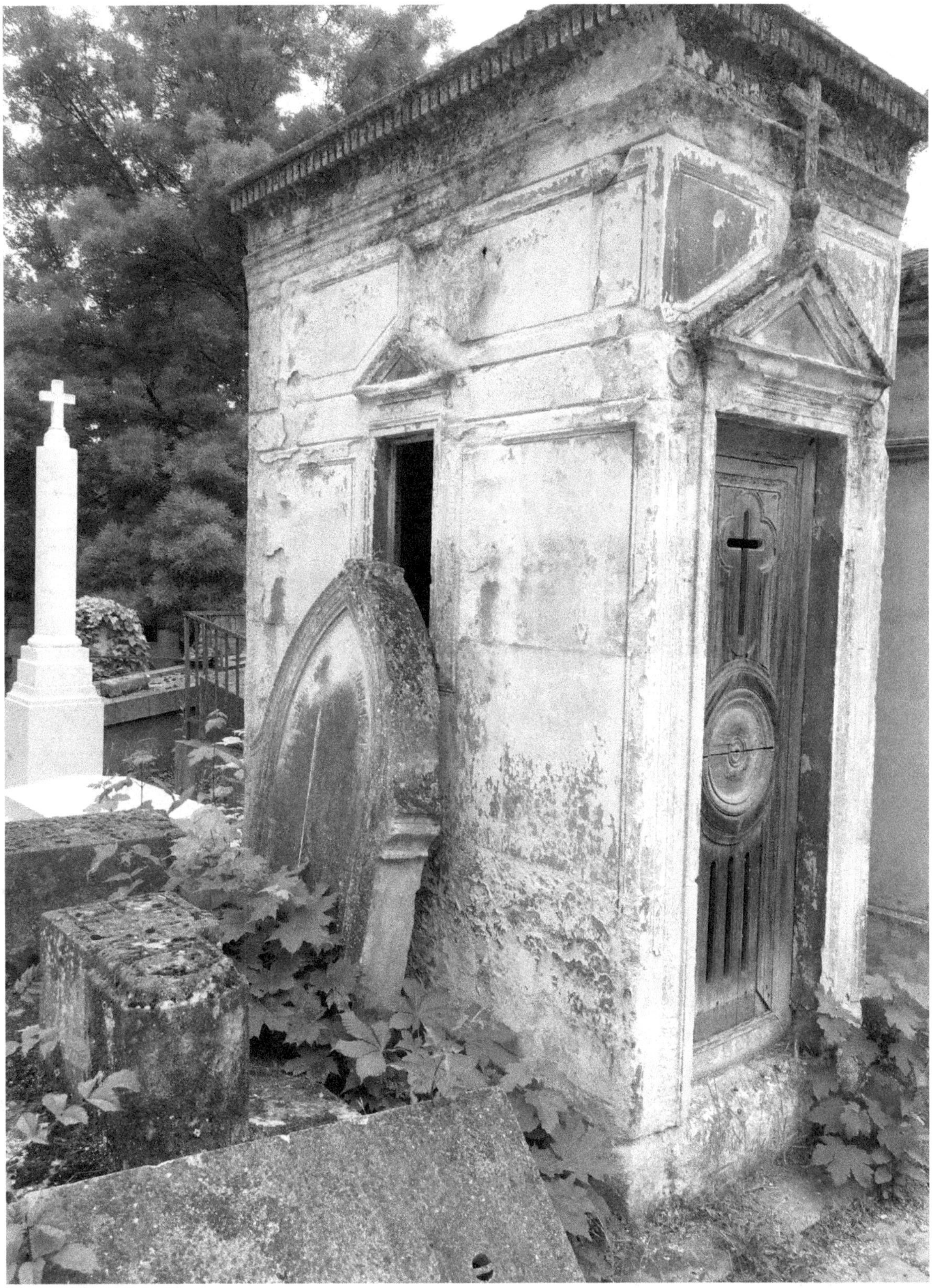

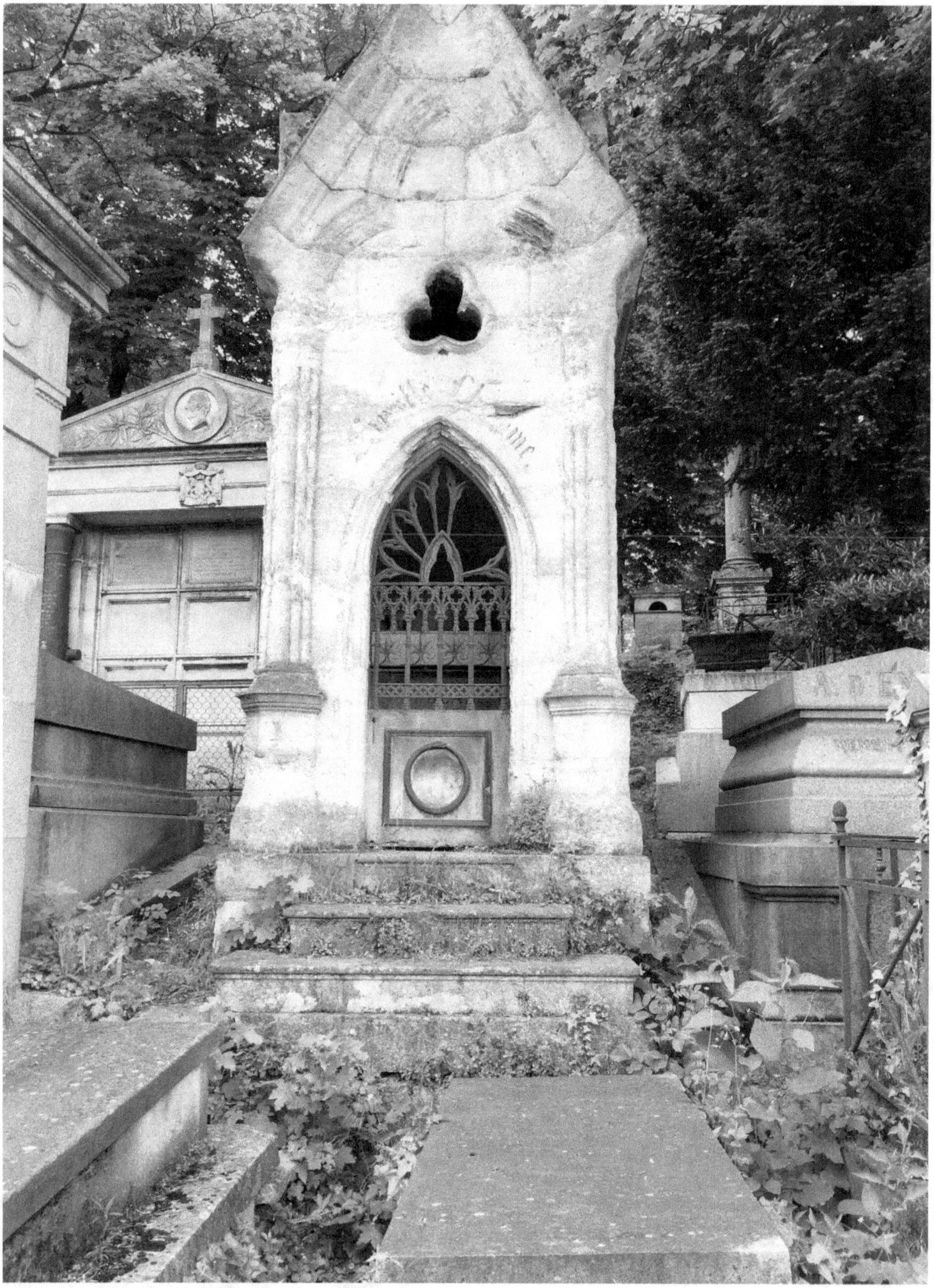

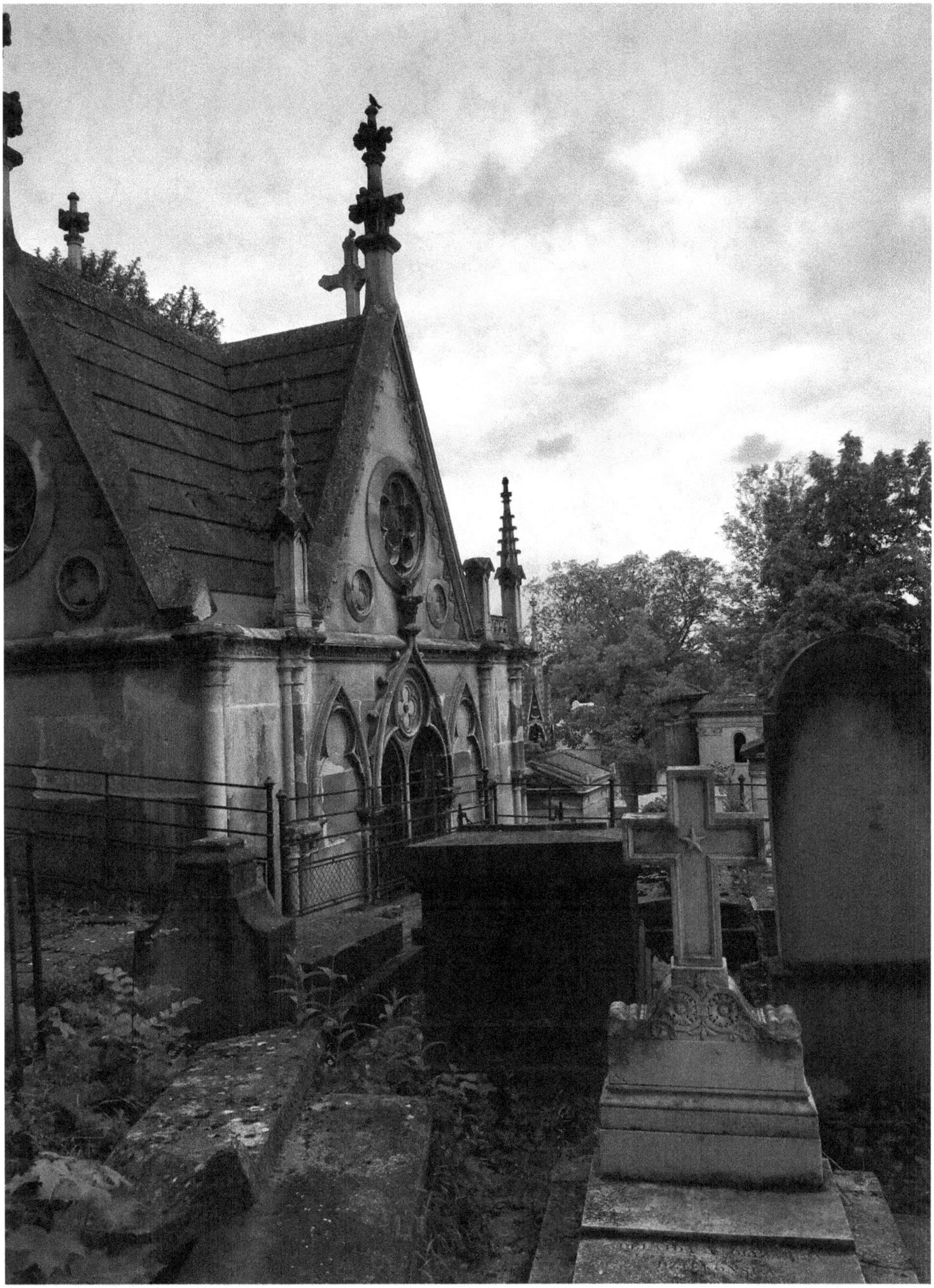

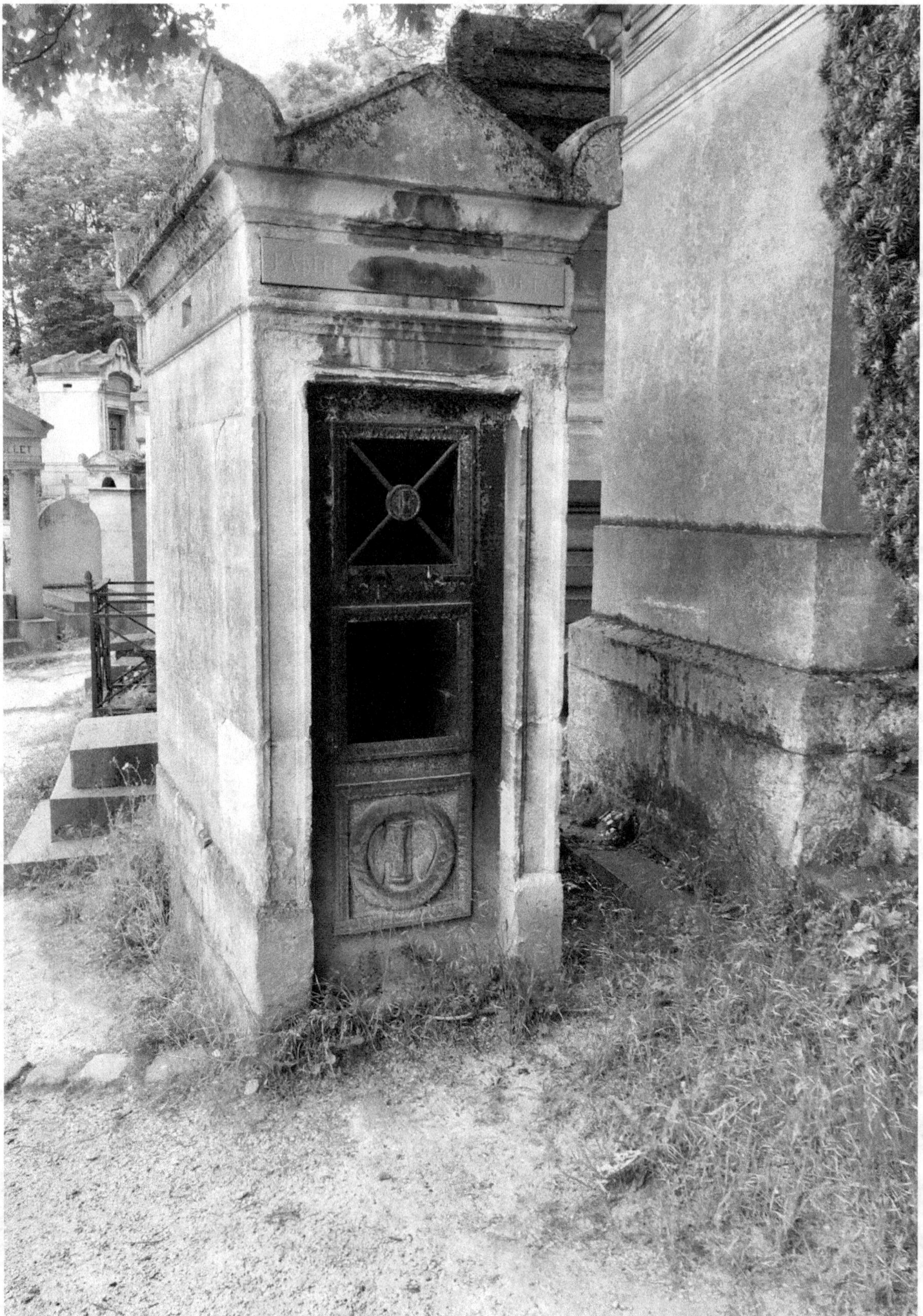

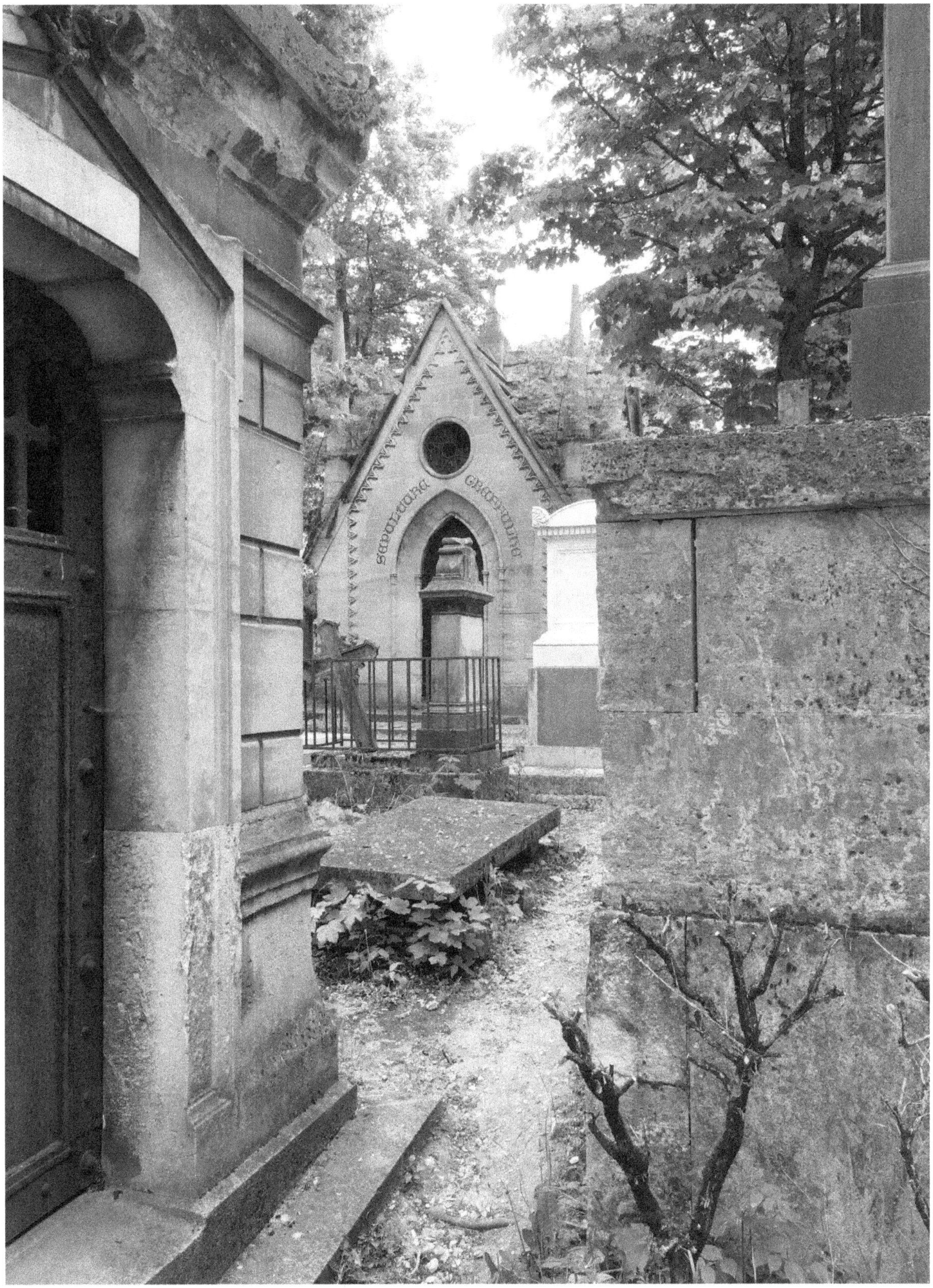

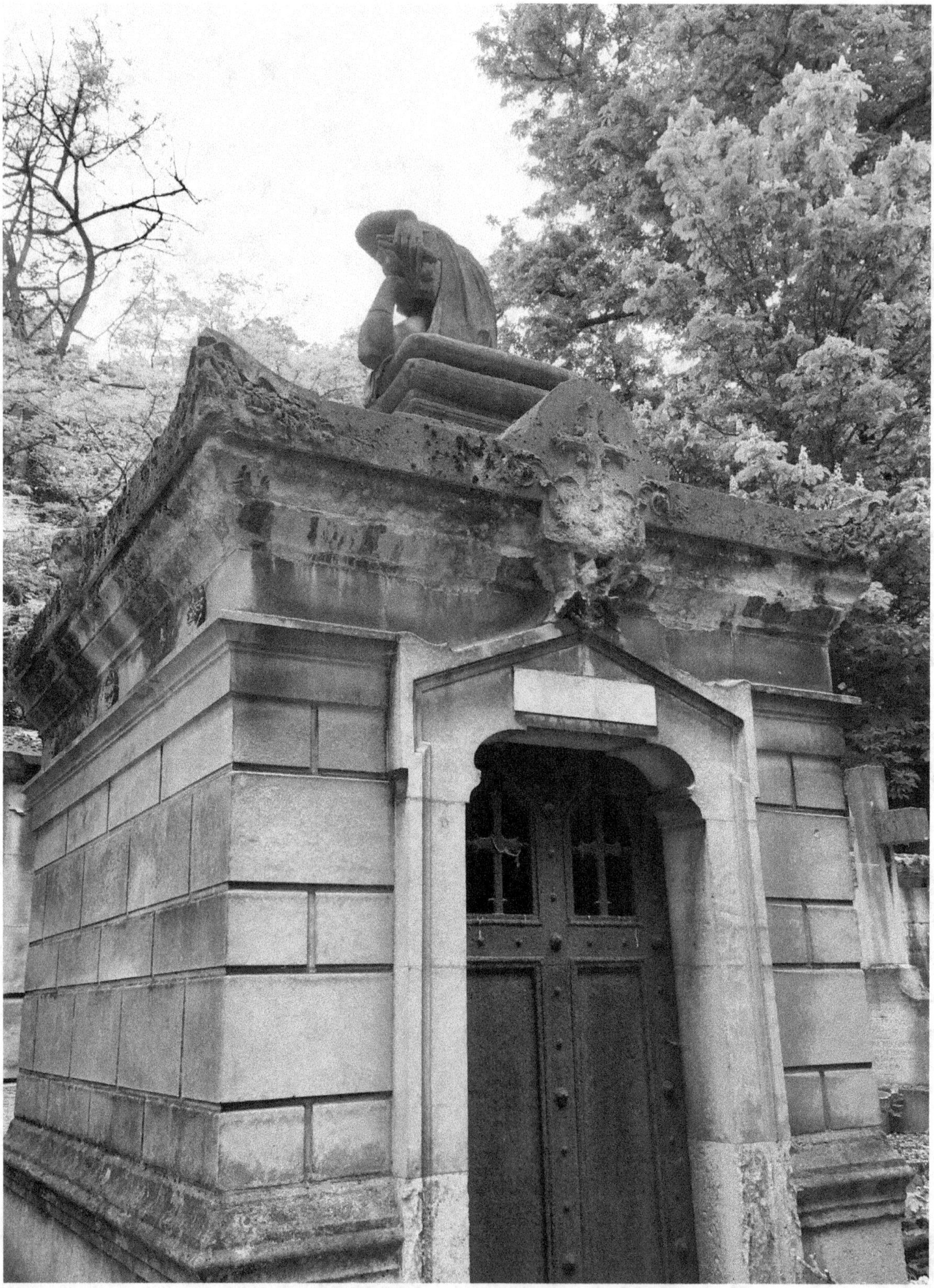

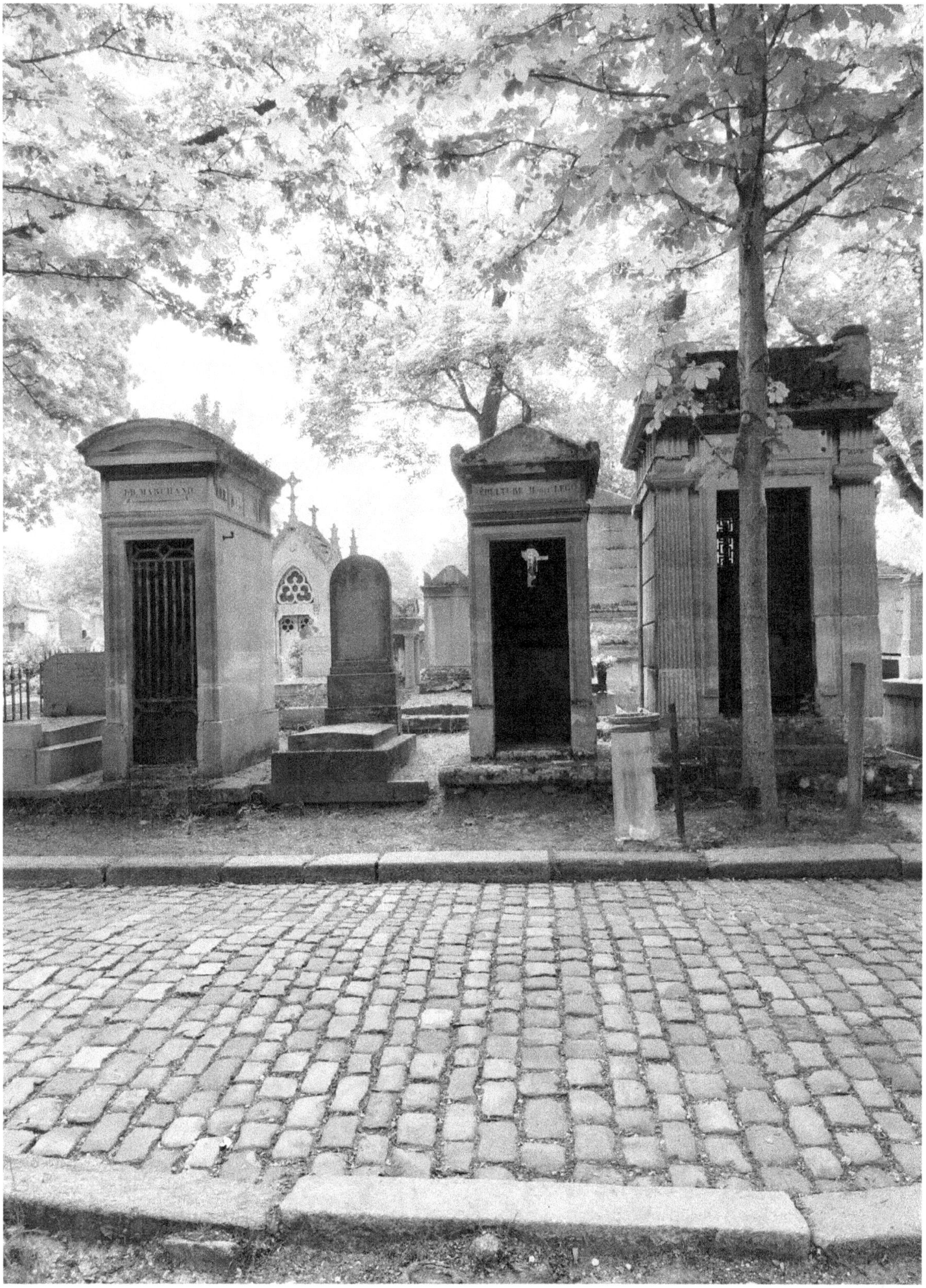
MARCHAND

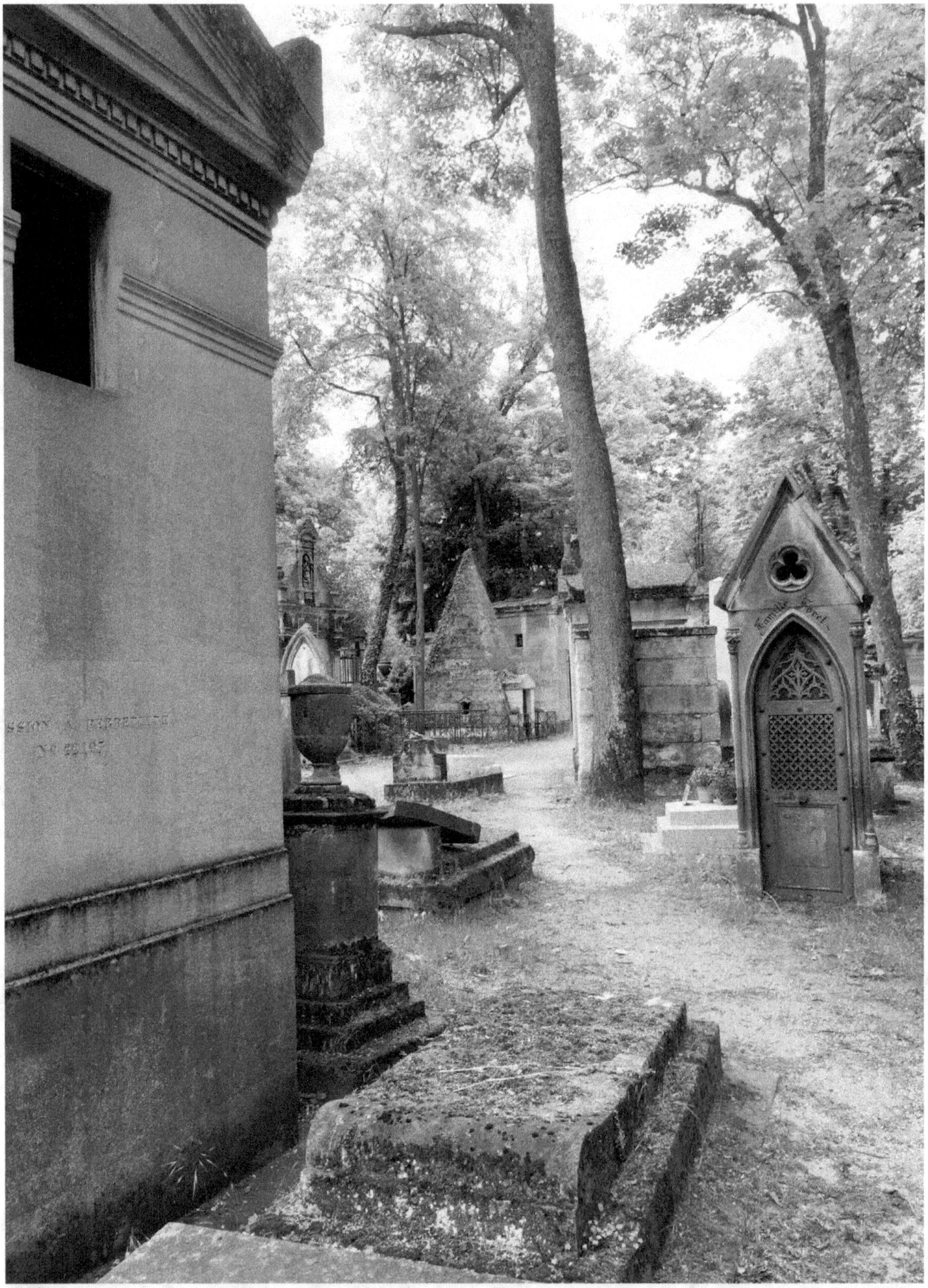

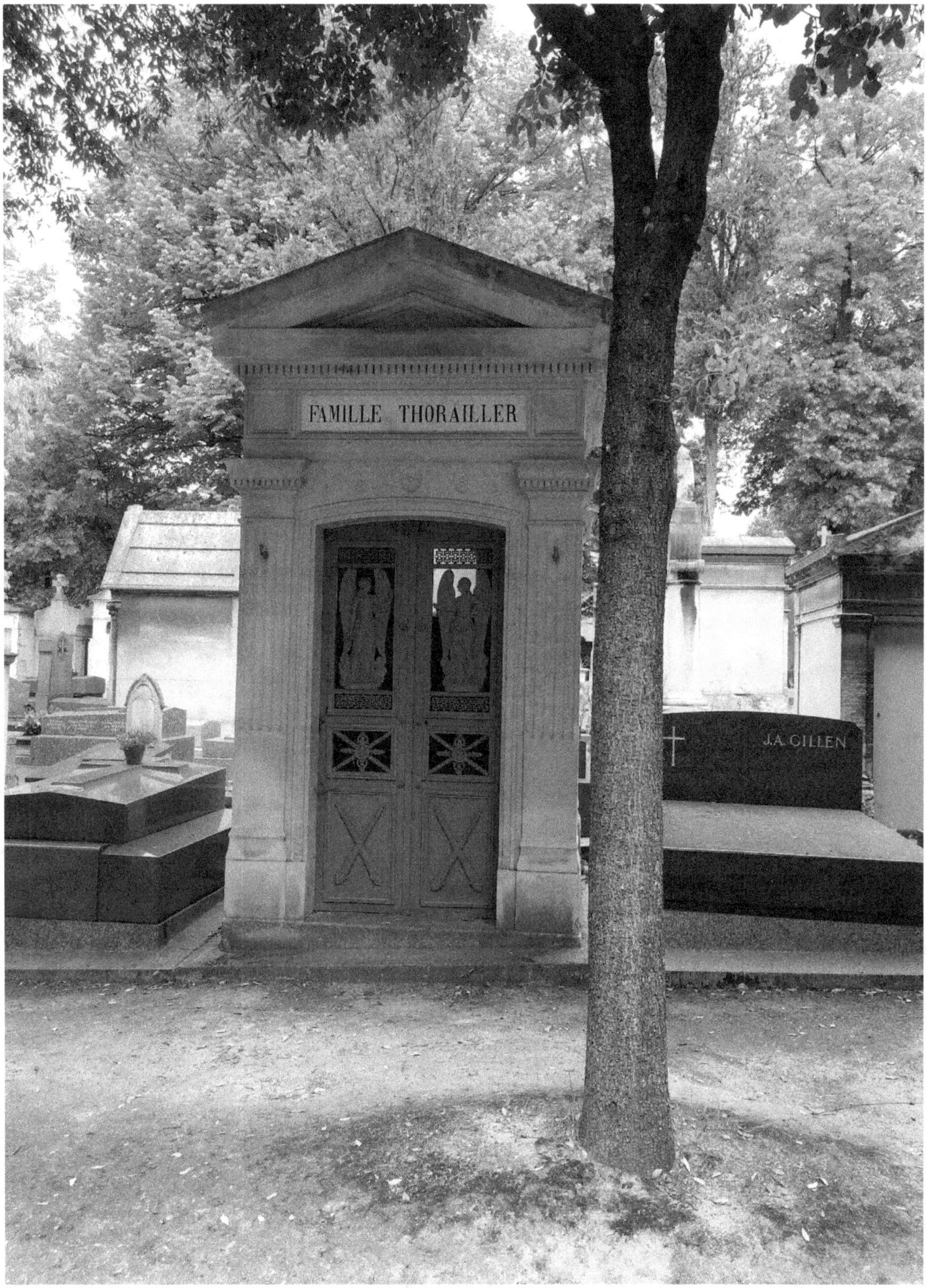
FAMILLE THORAILLER
J.A. GILLEN

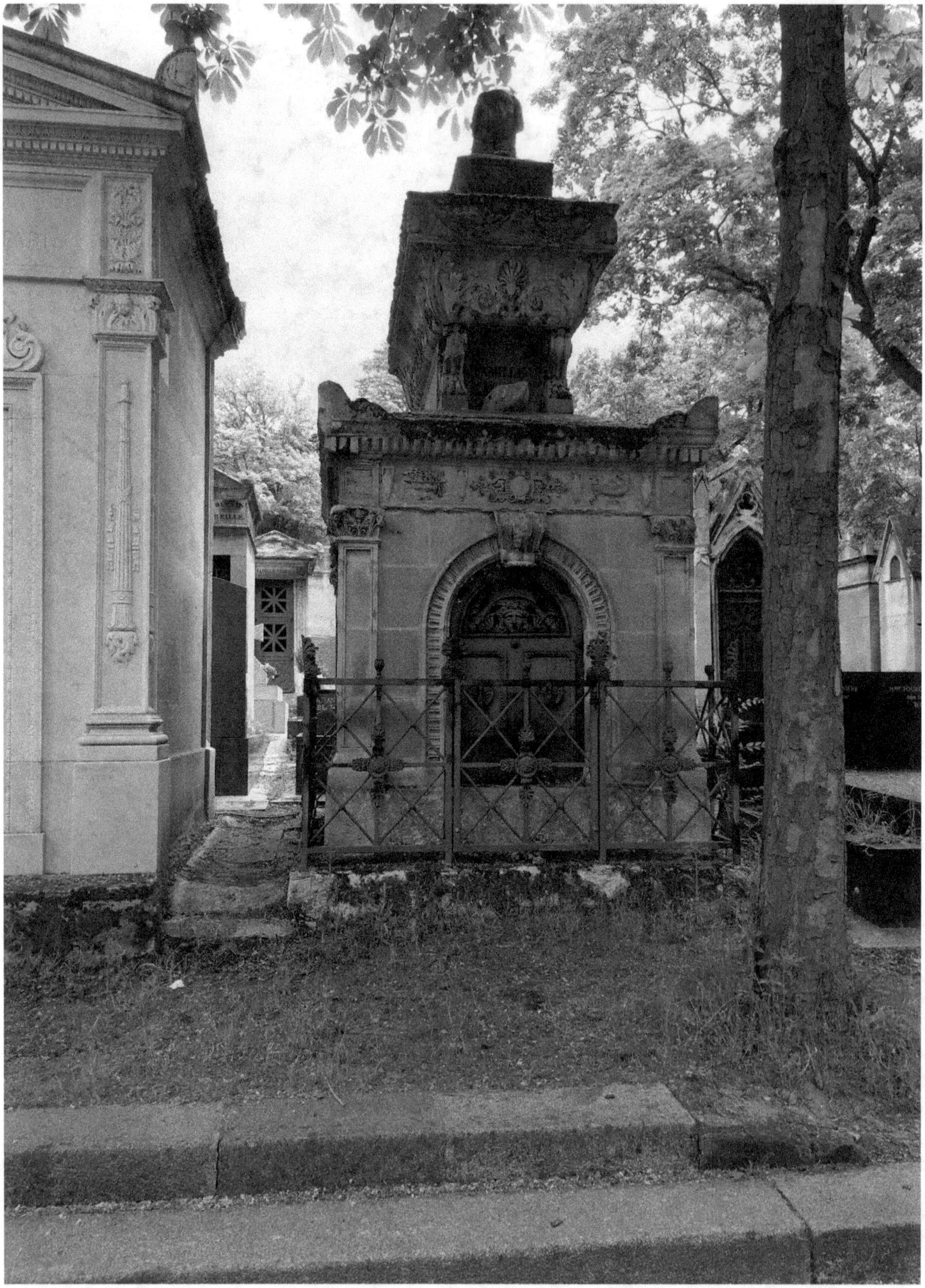

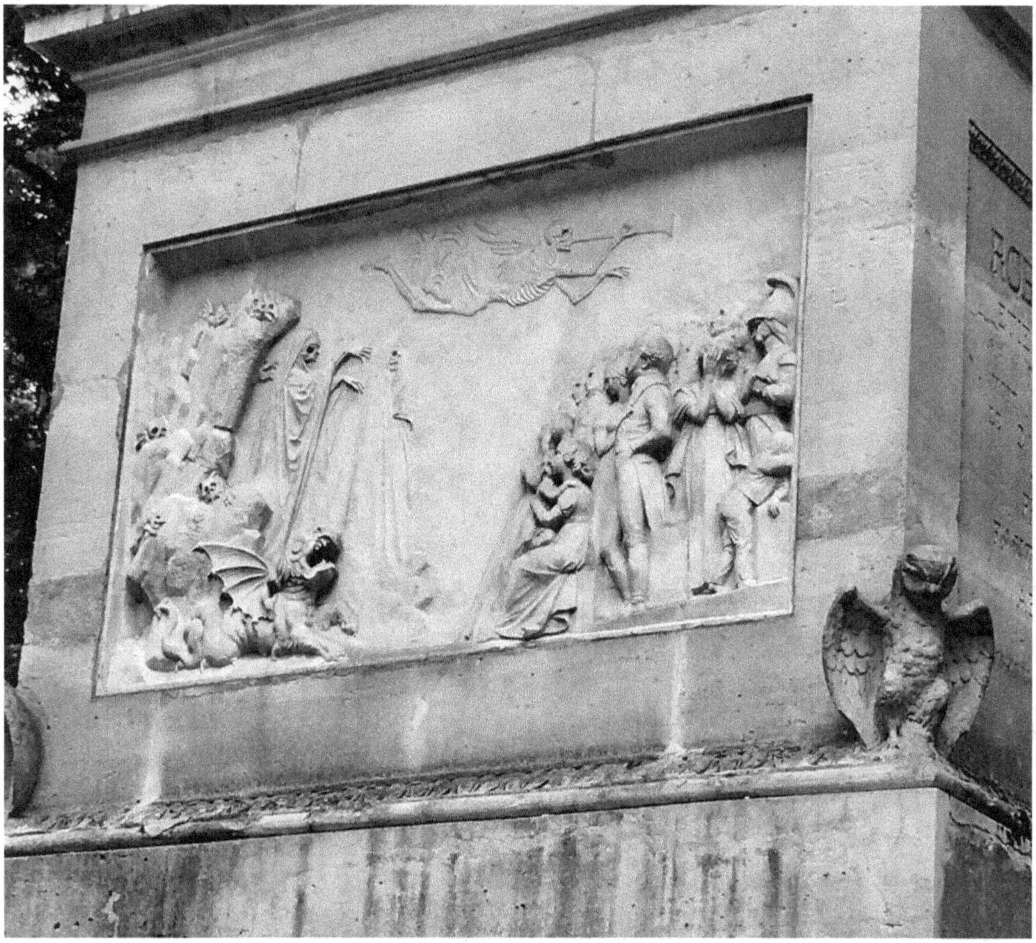

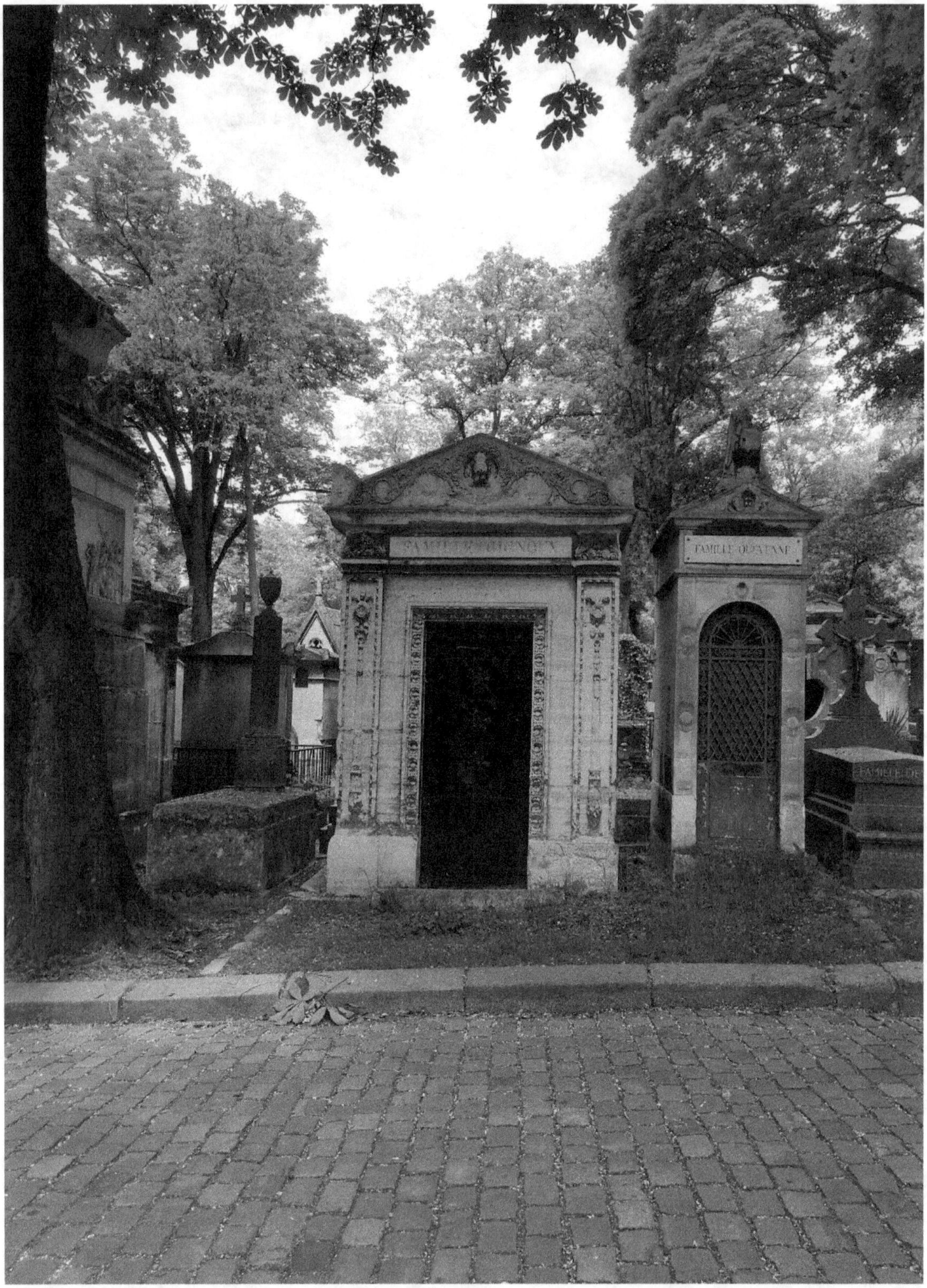

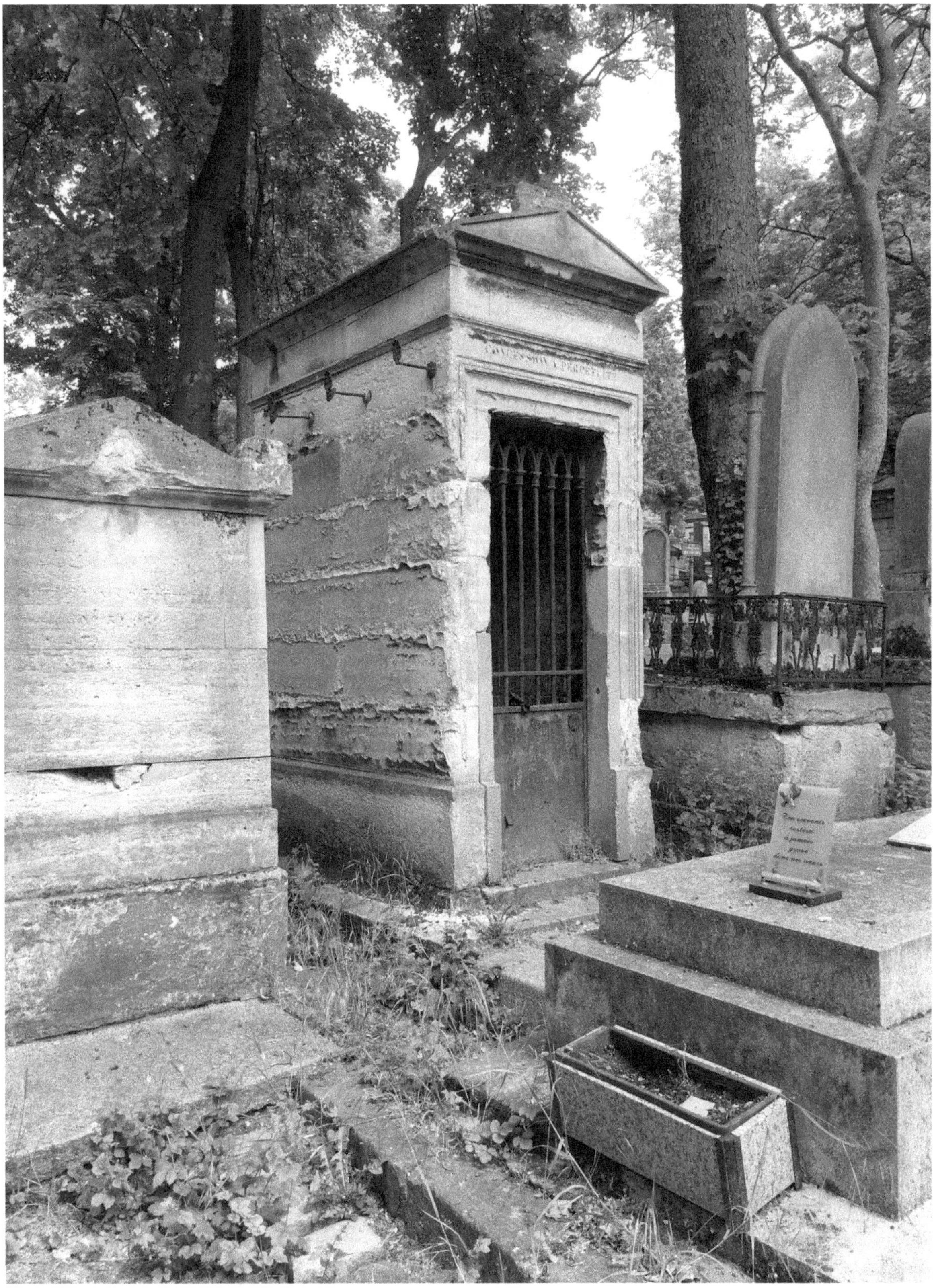

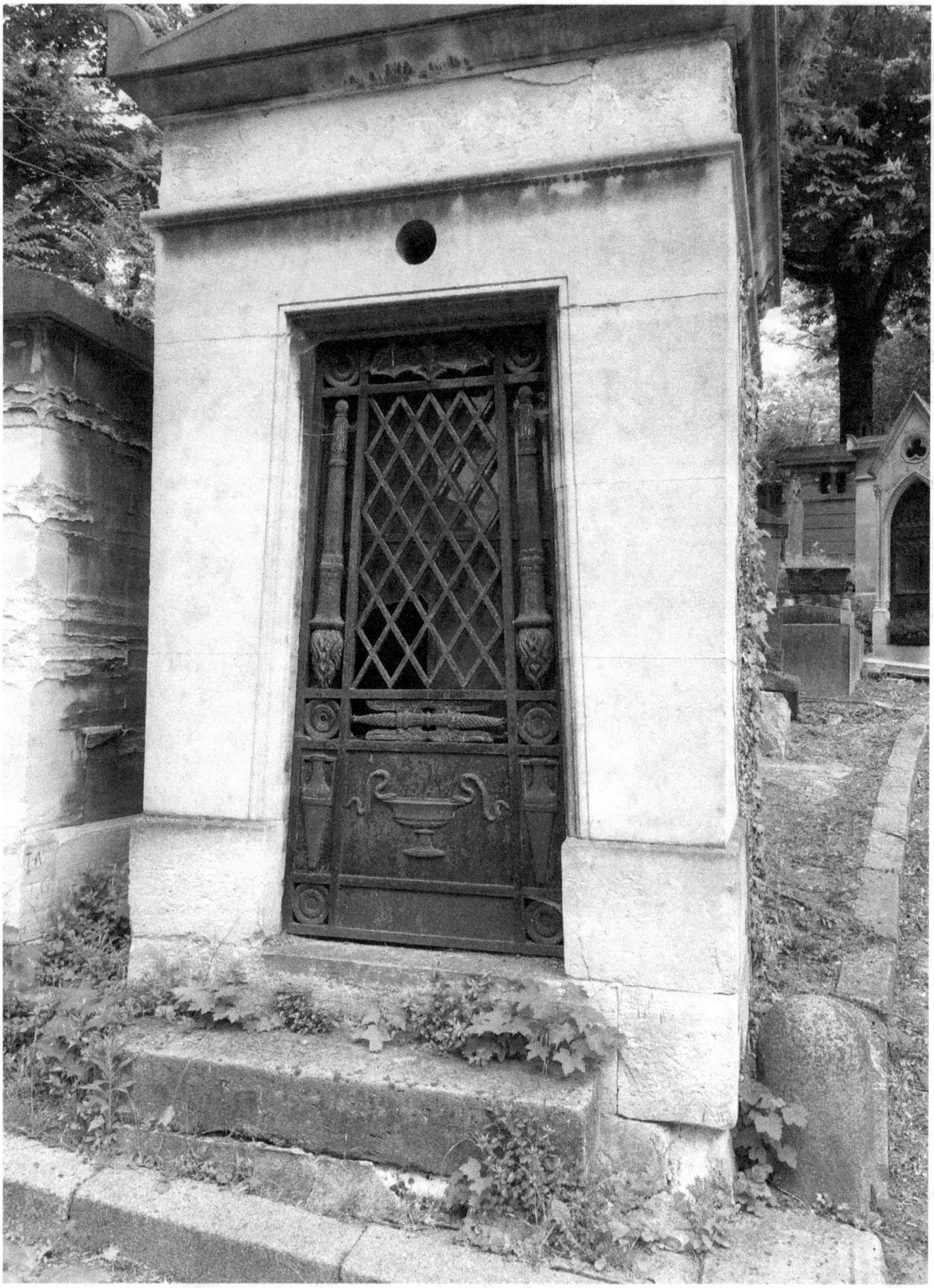

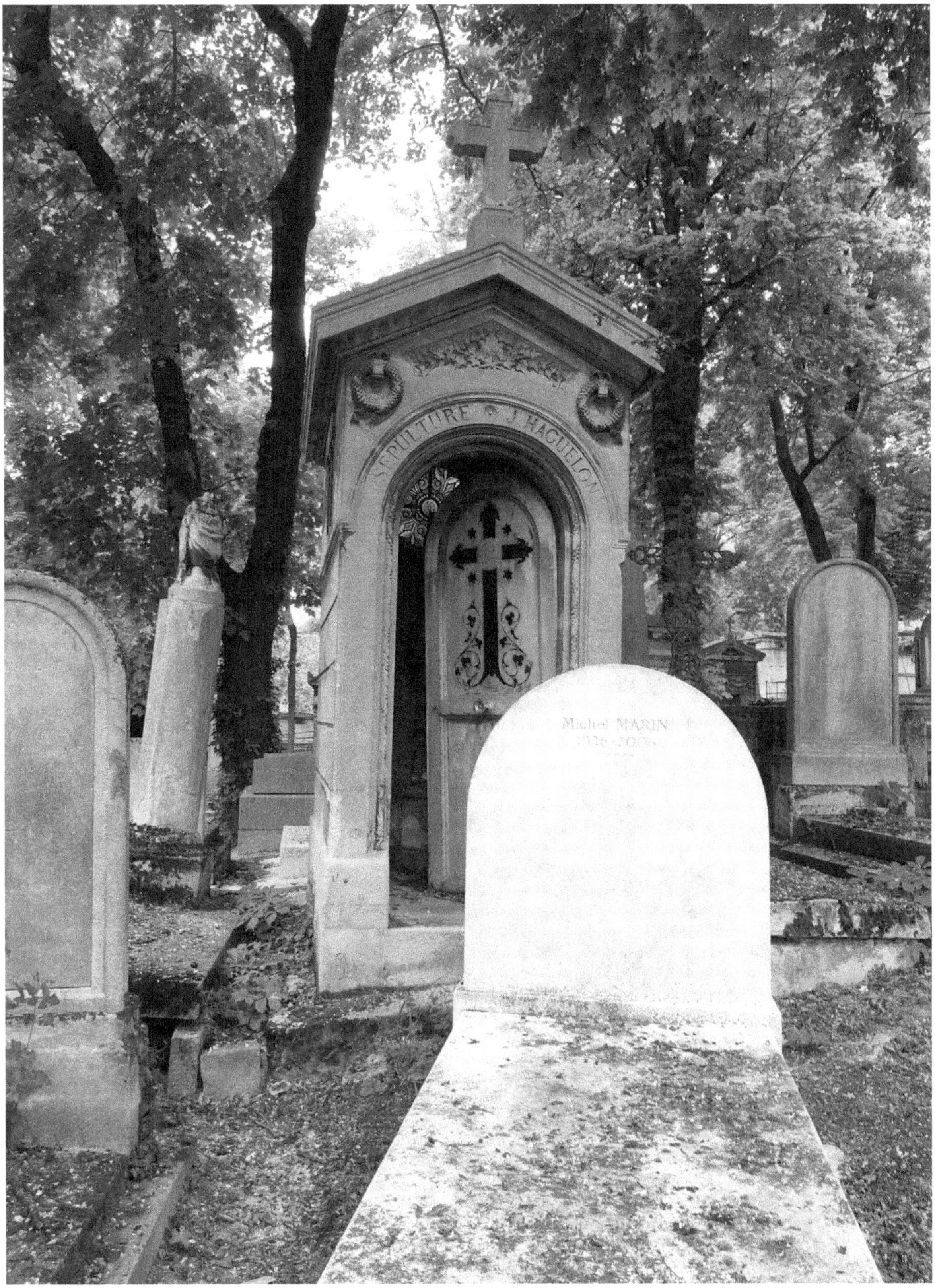
SEPULTURE J. HAGUELON
Michel MARIN

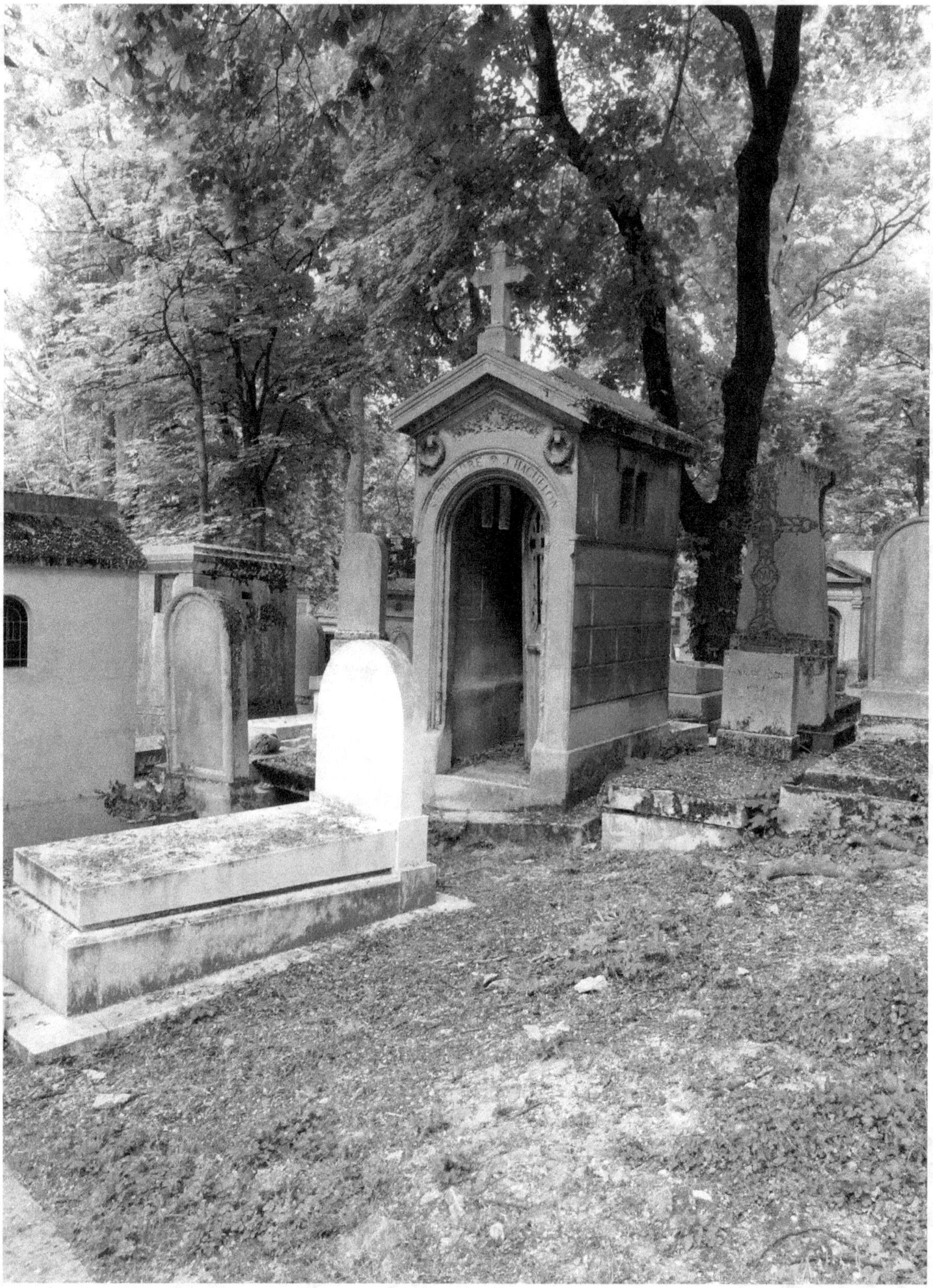

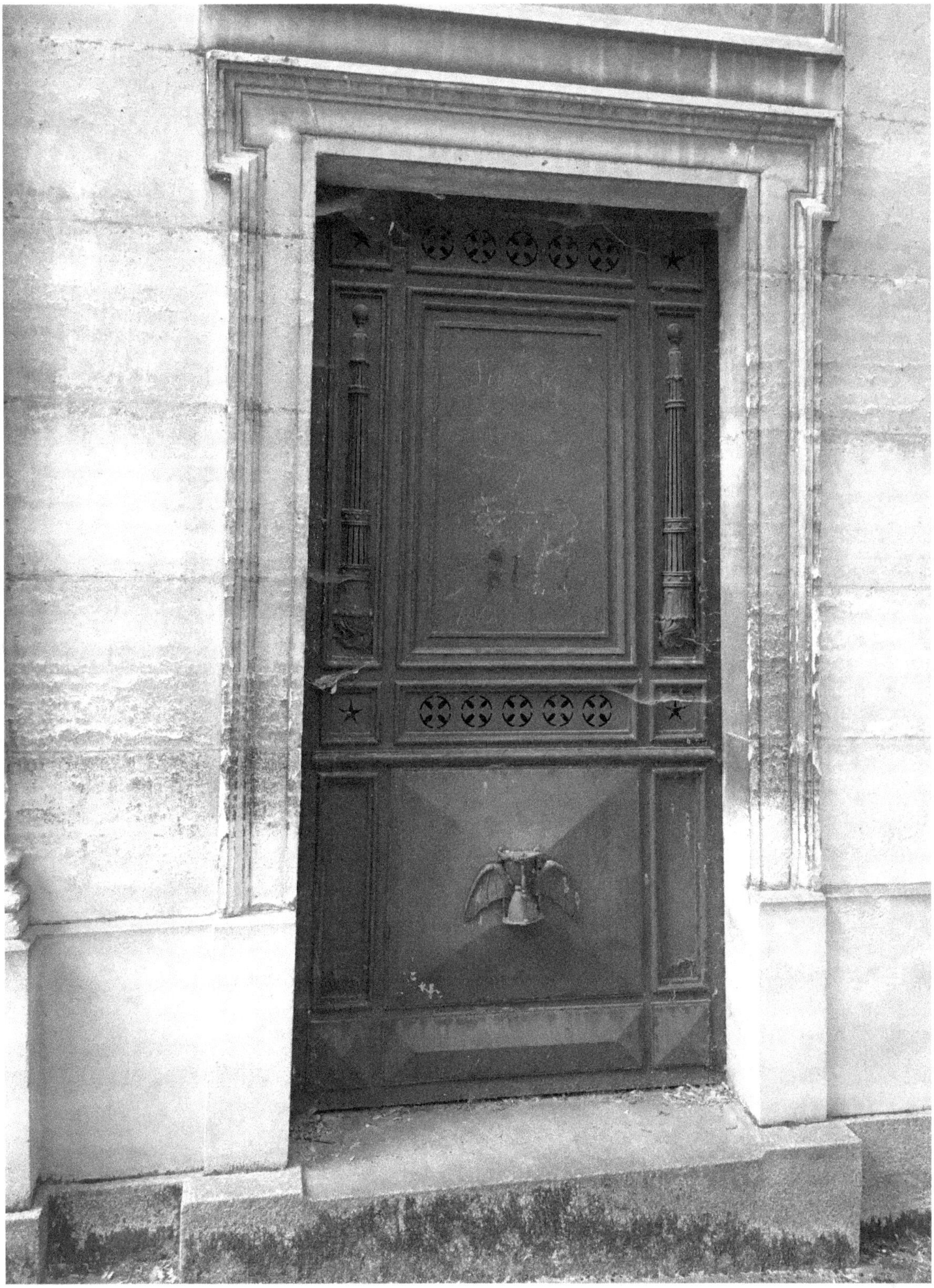

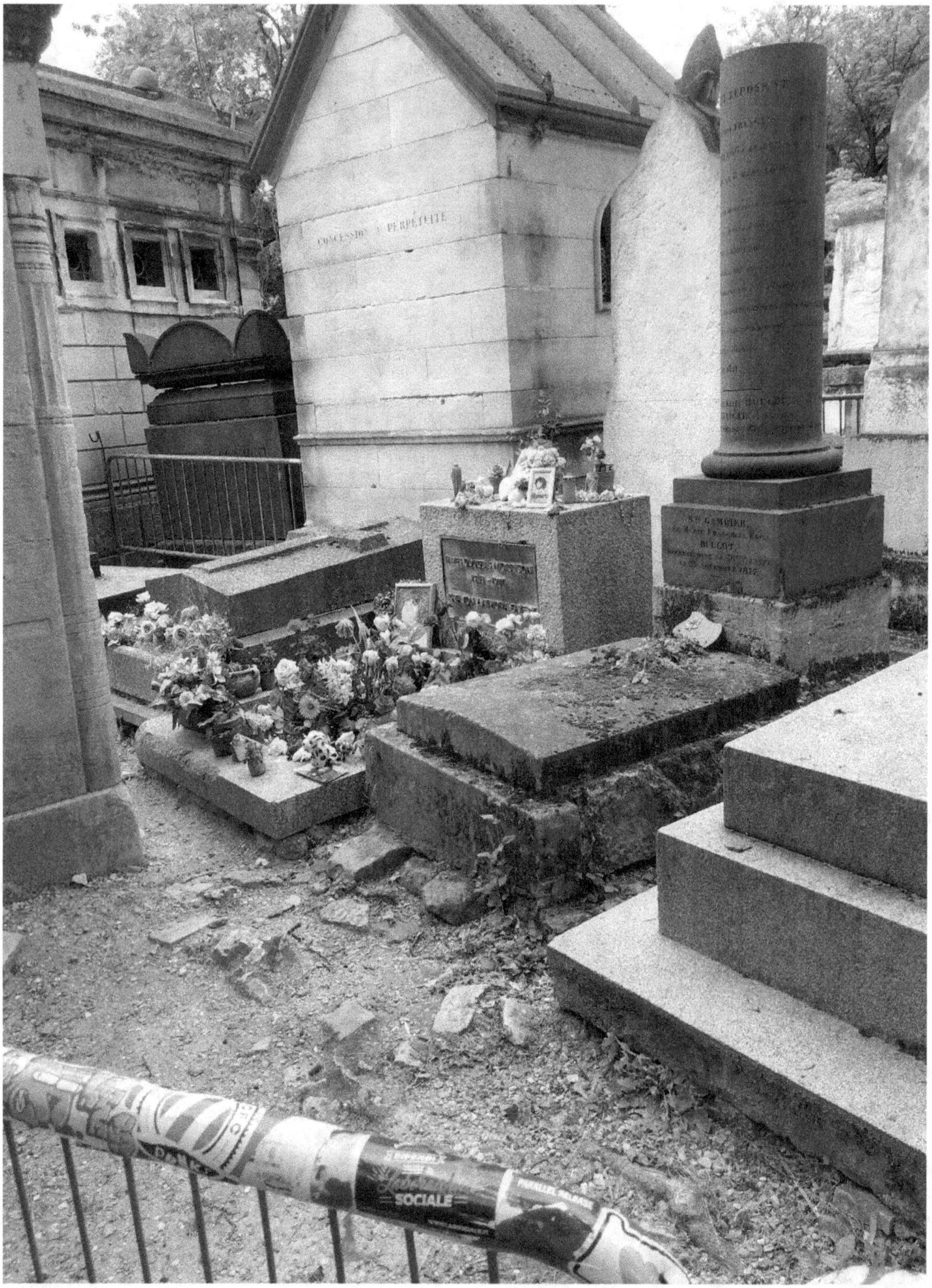
CONCESSION A PERPETUITE
SOCIALE

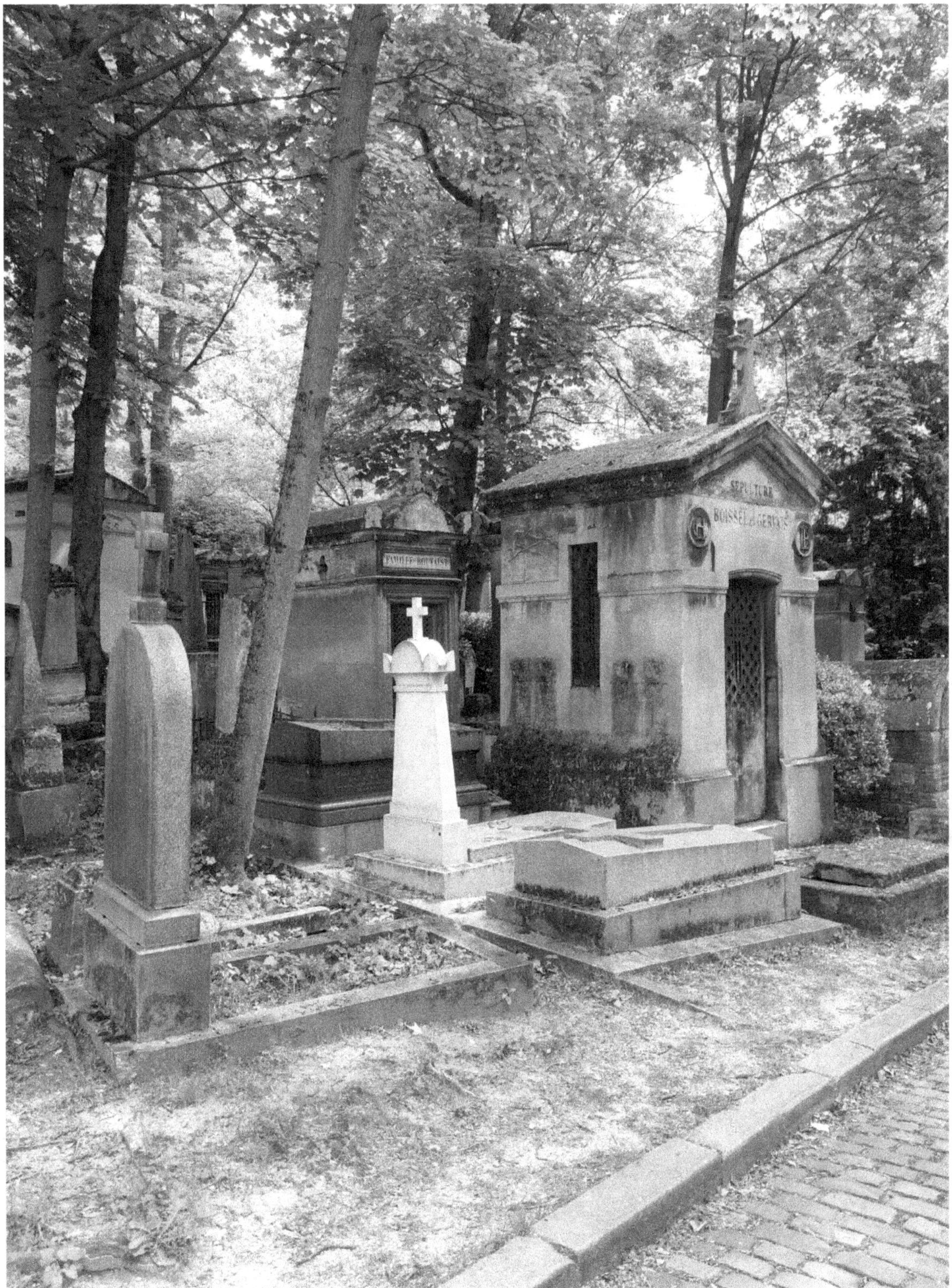
SEPULTURE

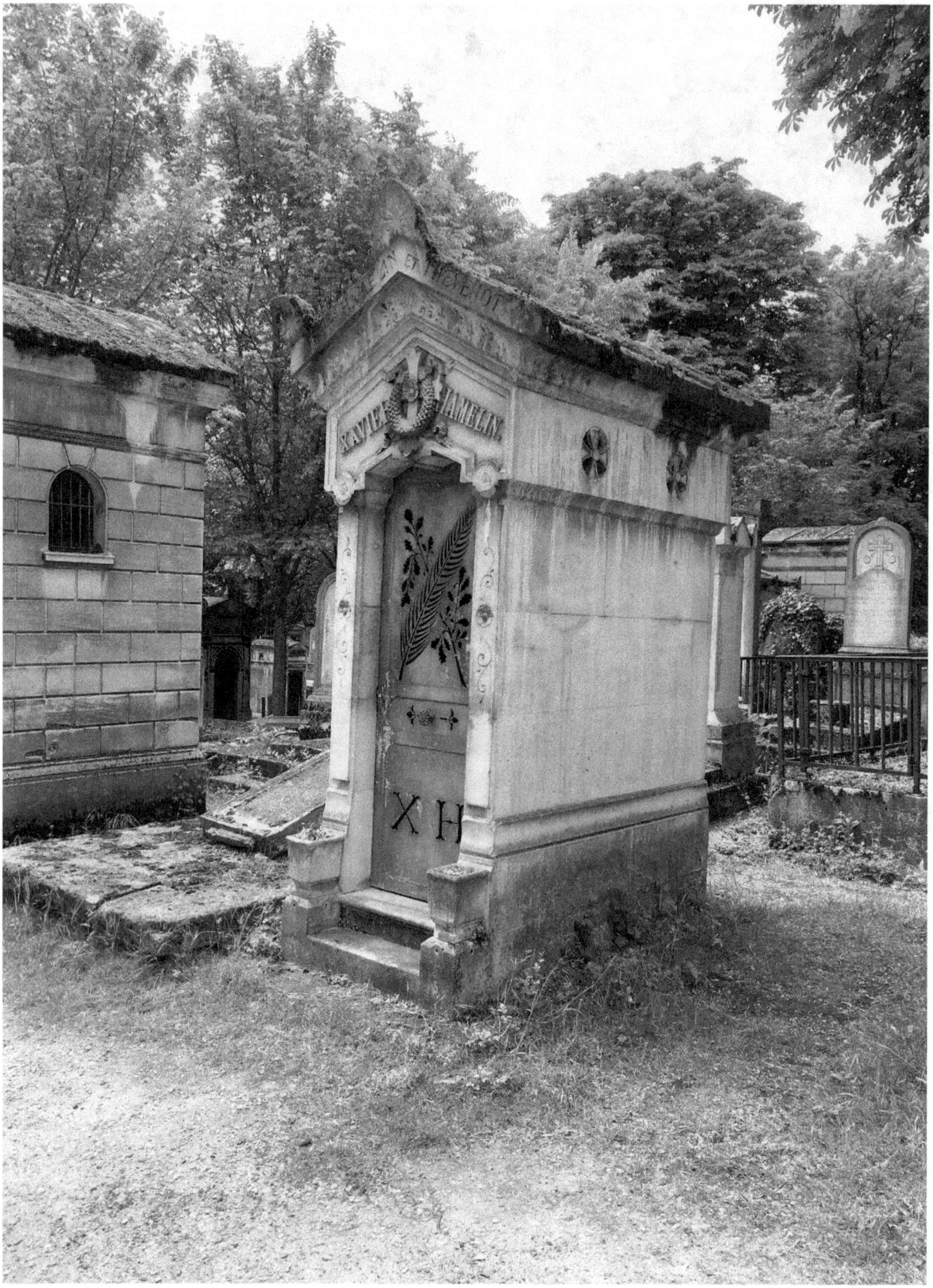
HAMELIN
XH

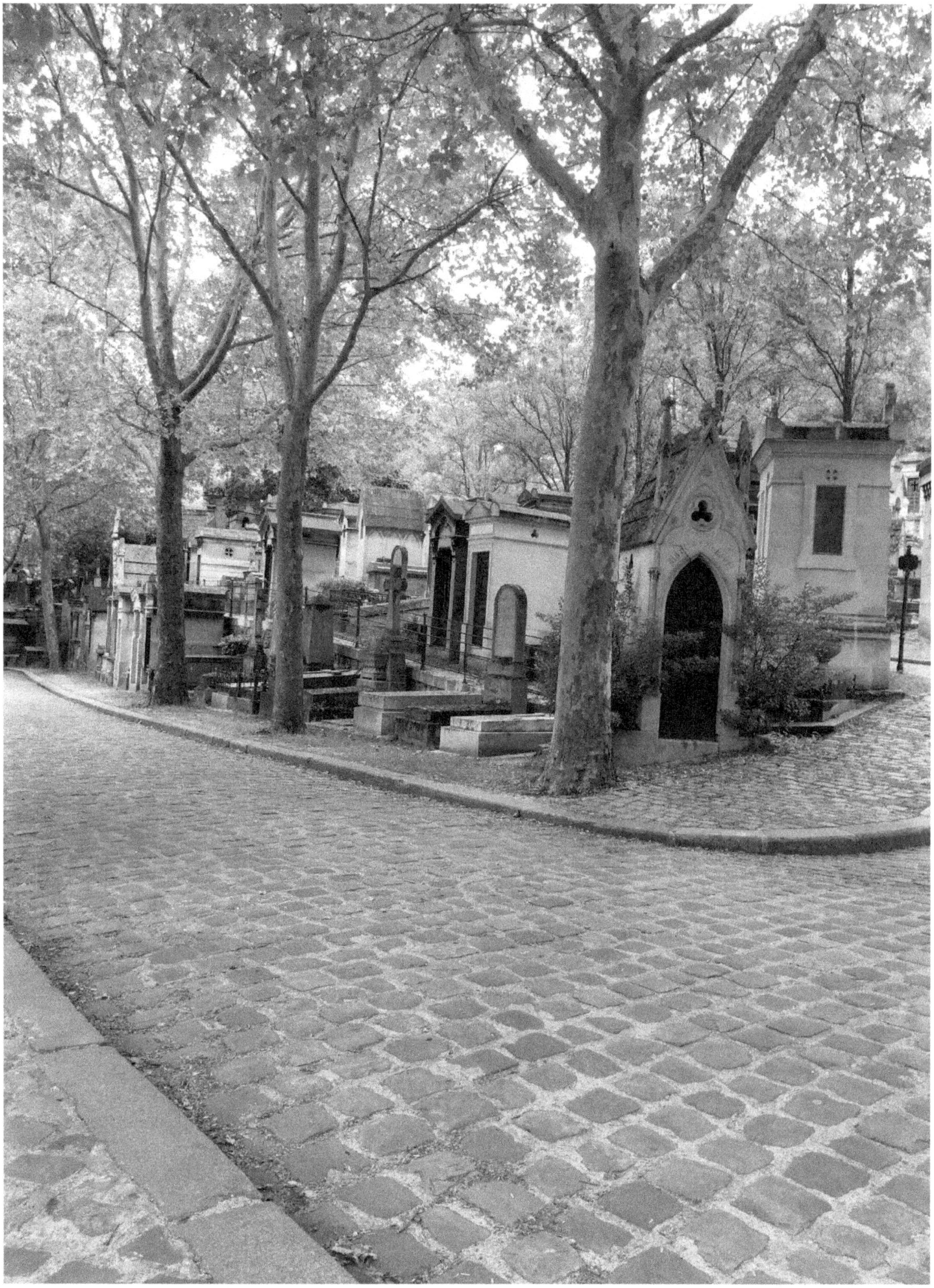

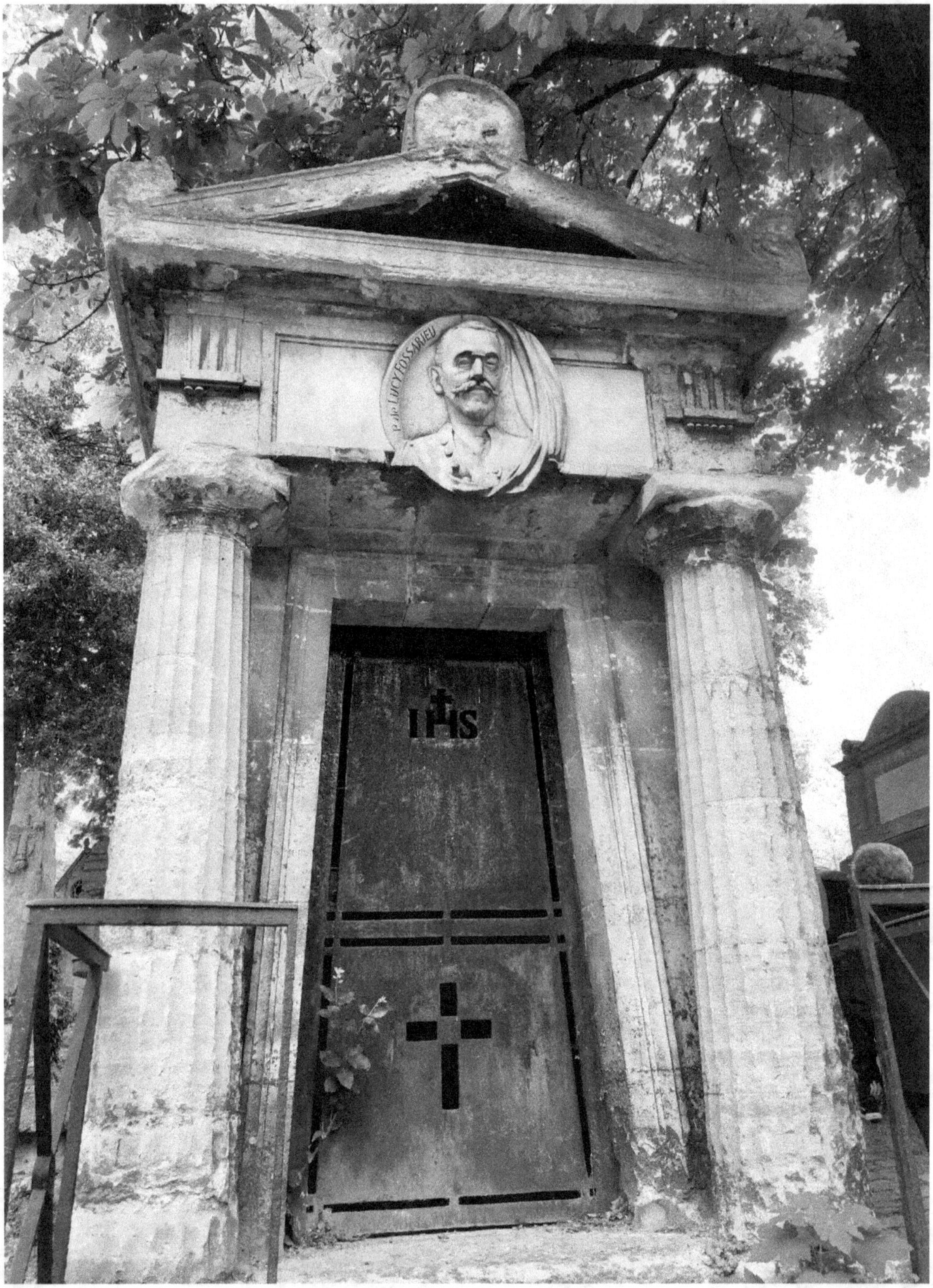
LUCY FOSSARIEU
IHS

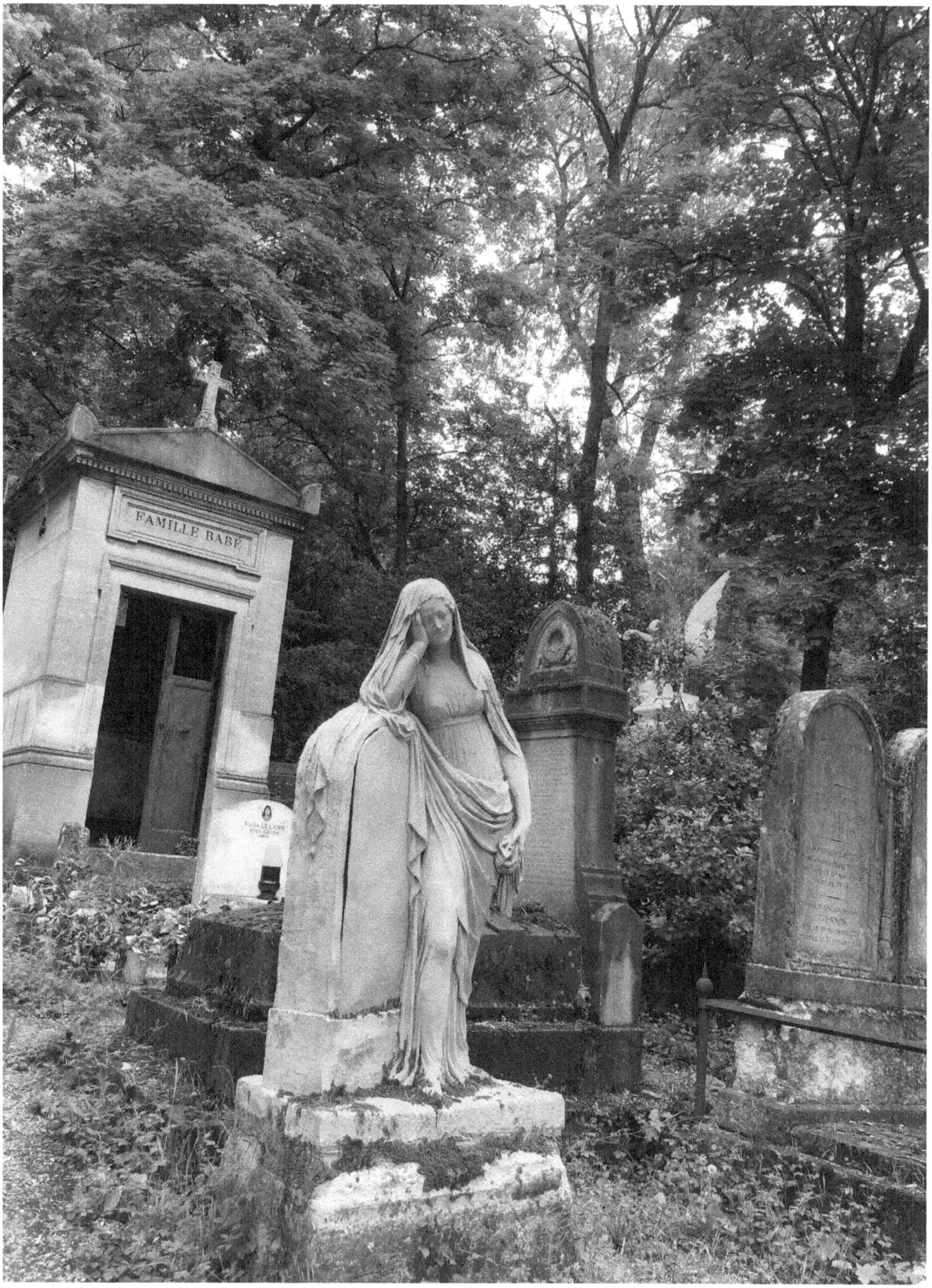
FAMILLE BABÉ

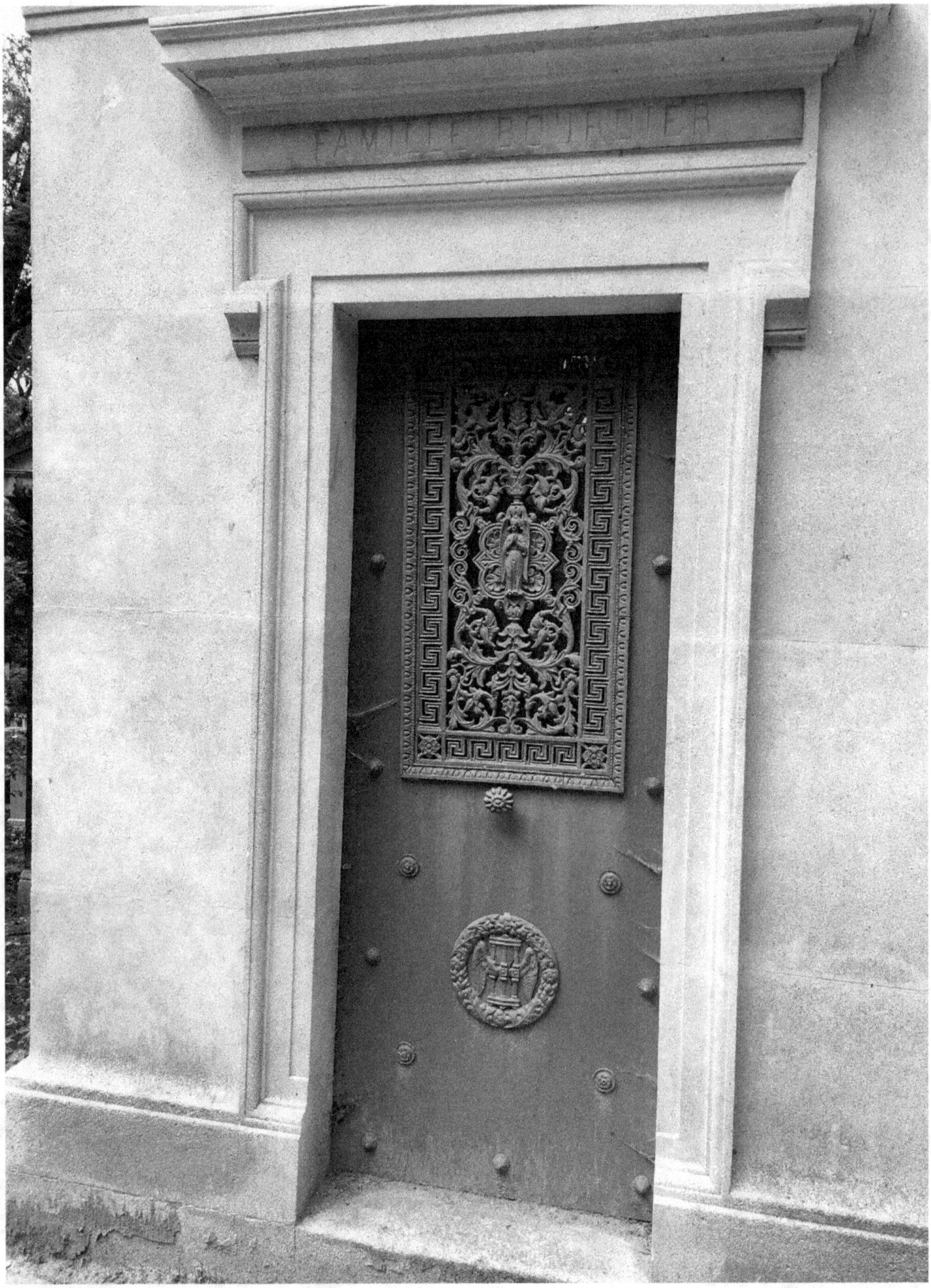
FAMILLE

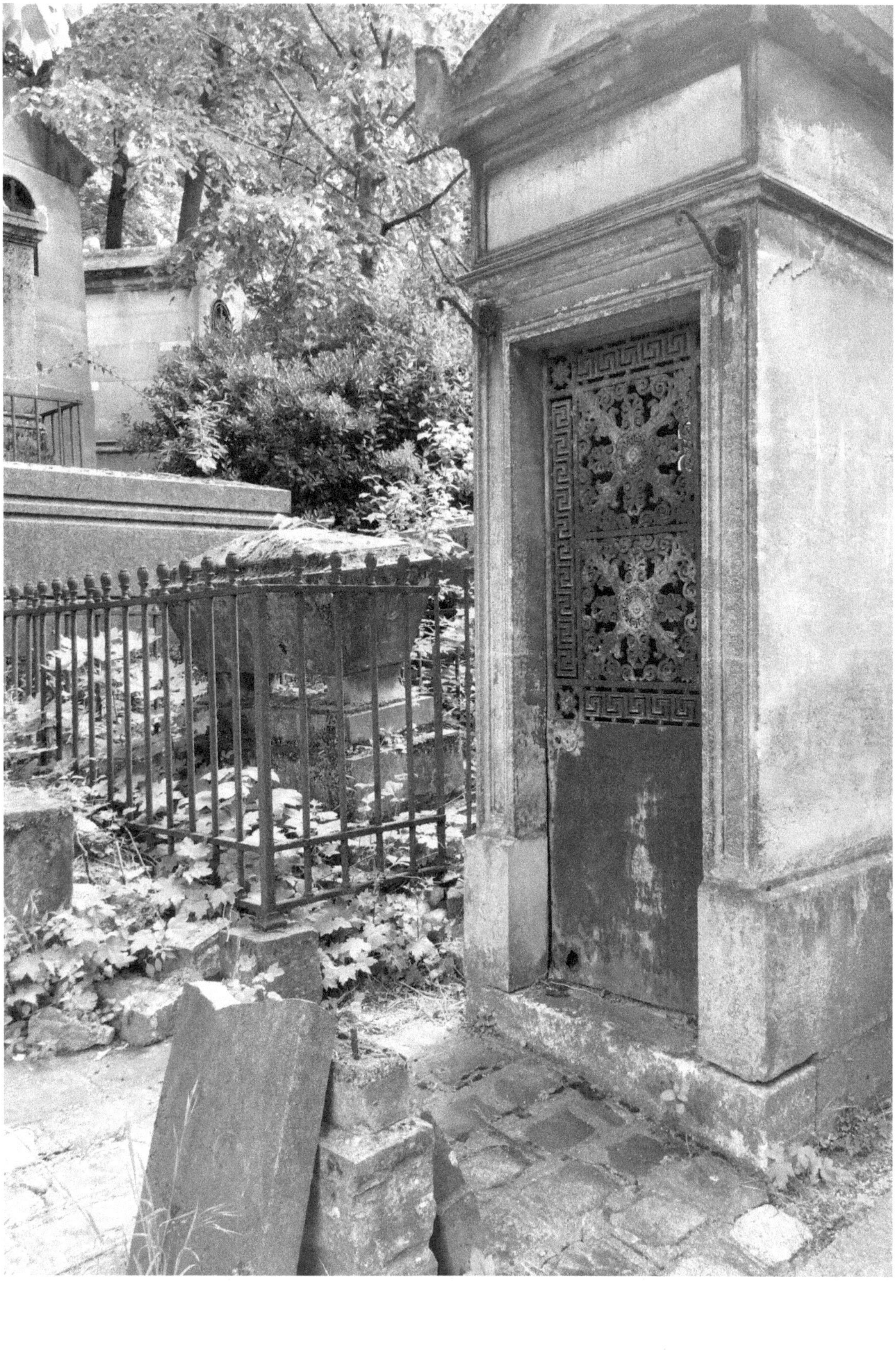

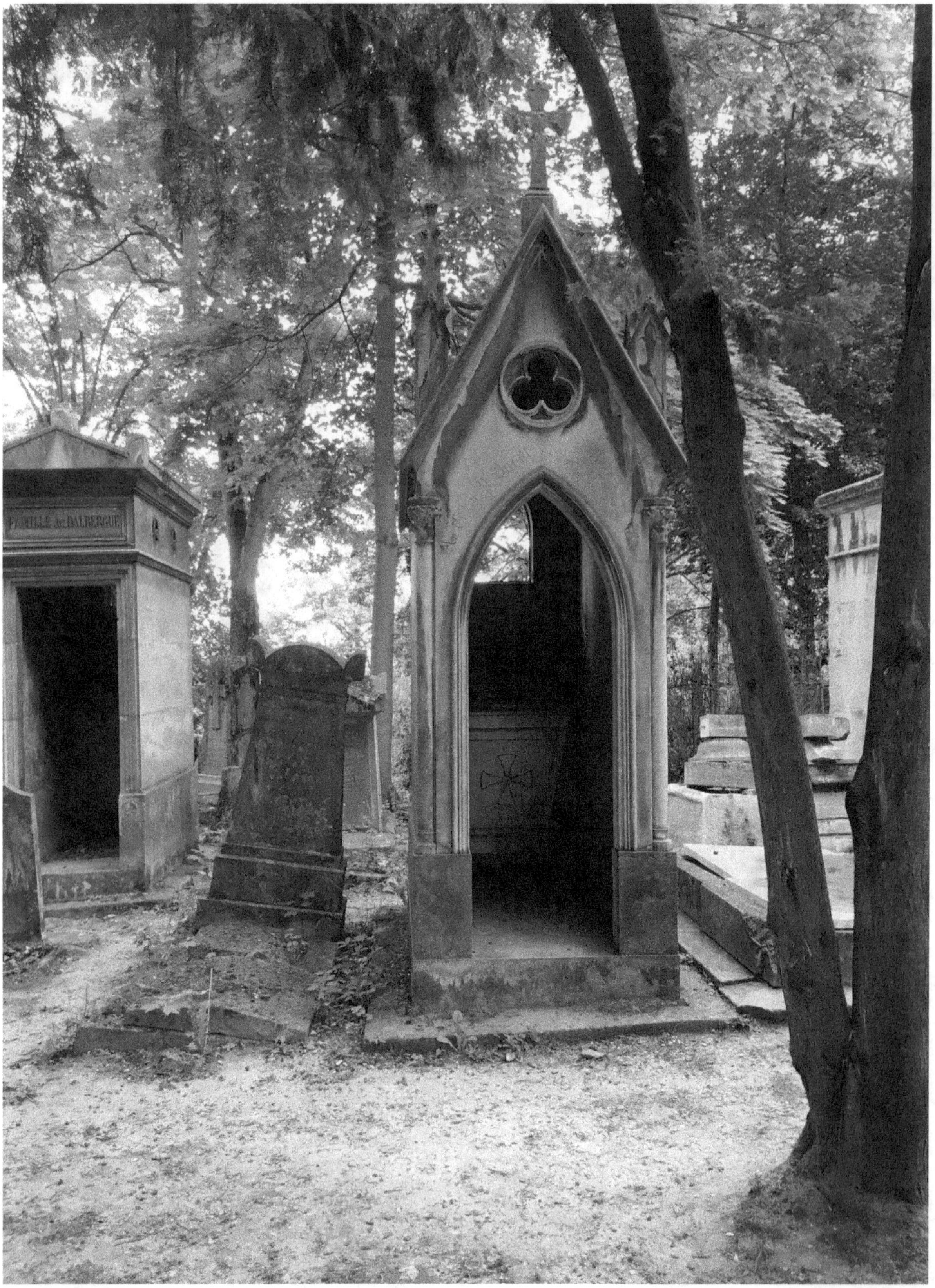

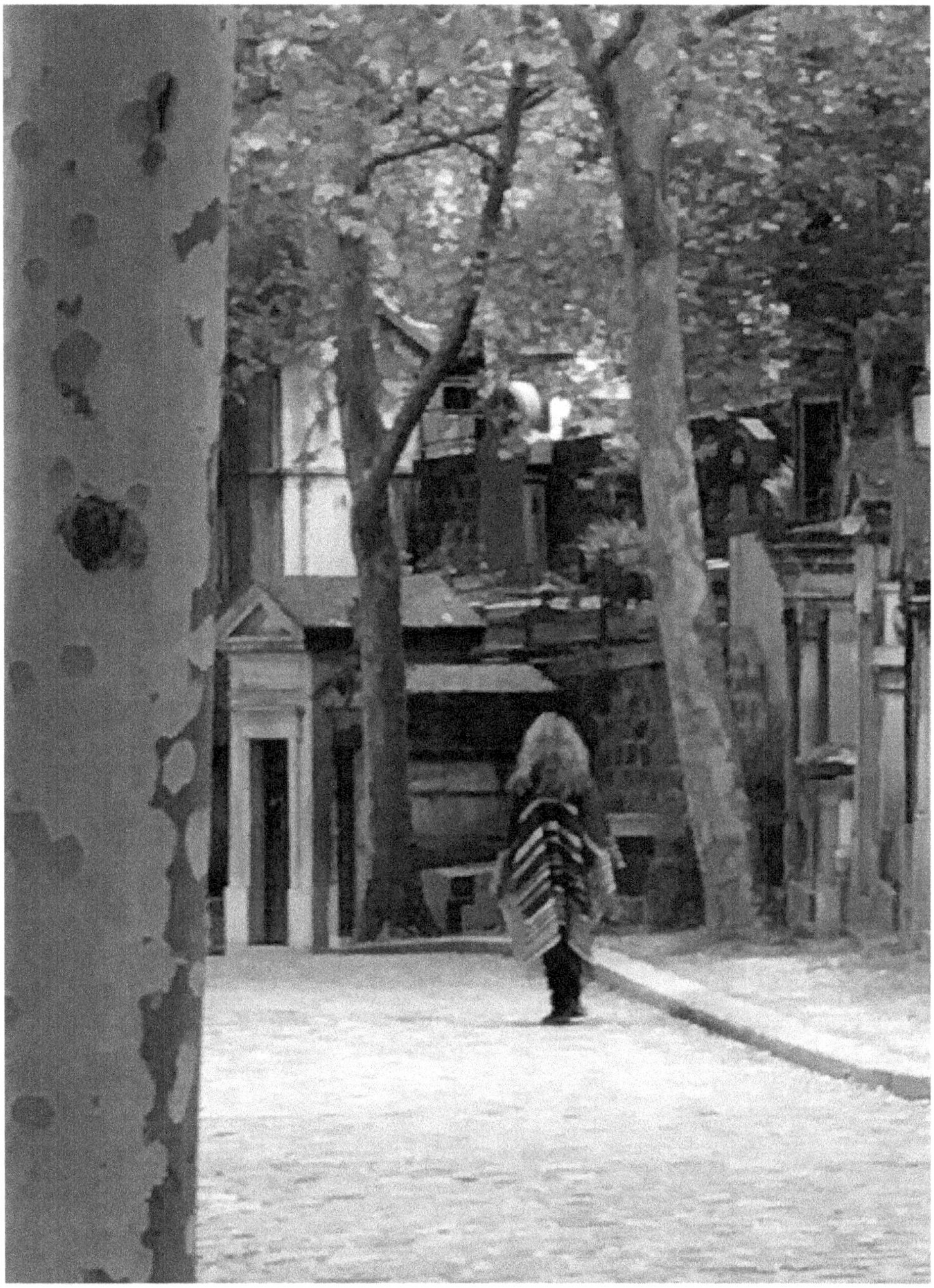

www.ingramcontent.com/pod-product-compliance
Lightning Source LLC
Chambersburg PA
CBHW081456220526
45466CB00008B/2665